Entlang des Pfades zur Erleuchtung

365 tägliche Betrachtungen

von

Dr. Dr. David R. Hawkins

herausgegeben von

Scott Jeffrey

Entlang des Pfades zur Erleuchtung

365 tägliche Betrachtungen
von
Dr. Dr. David R. Hawkins
herausgegeben von
Scott Jeffrey

Titel der Originalausgabe:
ALONG THE PATH TO ENLIGHTENMENT

Originally published in 2011 by Hay House Inc. USA, Tradepaper ISBN 9781401931131
Published in Germany under license from Hay House UK Ltd

Bibliografische Information der Deutschen Bibliothek
Die Deutsche Bibliothek verzeichnet diese Publikation in der Deutschen Nationalbibliothek; detaillierte Daten sind im Internet über http://dnb.ddb.de abrufbar.

1. Auflage 2012

Tel.: 08071 – 94813, Fax: 08071 – 94814, http://www.sheema.de

ISBN 978-3-931560-26-3

Übersetzung: Marianne Rieke, Lars Basinski, Elfriede Ammann, Cornelia Linder
Titelbild: © .shock - www.fotolia.com | Foto von David R. Hawkins © www.veritaspub.com
Gesamtkonzeption: Sheema Verlag, Cornelia Linder, www.sheema.de
Druck und Bindung: FINIDR, s.r.o., Český Těšín

Student:

Welche Aussage könnte ein ganzes Leben spiritueller Erfahrung und Widmung zusammenfassen?

Lehrer:

Gloria in Excelsis Deo !
Ehre sei GOTT in der Höhe !

INHALT

VORWORT

Jeder Schritt entlang des Pfades zur Erleuchtung ist spannend und lohnend, wenn sich sein Wesen offenbart. Aus dem Kontext gerissen, kann ein jeder kritische Einblick rätselhaft scheinen, jedoch gleichwohl faszinierend. Für jeden Suchenden gibt es wichtige Verständnisschlüssel, die den Weg beleuchten und den Erfolg erleichtern.

Dies ist eine Sammlung derartiger Wahrheiten, die als Basis für große Sprünge vorwärts dienen. Obwohl es viele Türöffnungen zum Himmel gibt, muss jede/r Suchende ihre oder seine eigene Route finden.

Tiefes Verstehen löst die wesentliche Wahrheit scheinbarer Komplexität auf. Es heißt, dass es 10.000 Wege zu Gott gibt, diese können jedoch alle auf bestimmte entscheidende Elemente reduziert werden, die allen erfolgreichen Wegen gemeinsam sind. Daher ist jede der nachfolgenden Betrachtungen erwiesenermaßen von großem Wert.

Bon voyage!
Dr. med., Dr. phil. David R. Hawkins

GELEITWORT

Studenten von David R. Hawkins` Arbeit haben verstanden, dass sich die offenbarten Wahrheiten ideal für spirituelle Aspiranten der westlichen Welt eignen. Die Lehren sind sowohl in Übereinstimmung mit den größten Mystikern der Geschichte, als auch ungemein praktisch in ihrer Anwendung auf das tägliche Leben. Schon eines dieser Zitate kann das Leben eines Menschen transformieren und ihn oder sie weiter auf der spirituellen Reise vorwärts katapultieren.

Die nachfolgende Auswahl wurde getroffen, um Sie zu unterstützen, sich täglich auf ein einziges Zitat, eine einzige Idee, oder Passage zu konzentrieren. Es ist keinerlei Vorkenntnis von Dr. Hawkins` Arbeit erforderlich, um Nutzen aus diesen kraftvollen Wahrheiten zu ziehen. Vielleicht möchten Sie sich selbst herausfordern und den Tagesgedanken auf Ihre Lebensverhältnisse anwenden, oder lediglich darüber nachsinnen, oder das Zitat während des Tages im Gedächtnis behalten.

Platzieren Sie dieses Buch an einen günstig gelegenen Ort: z.B. auf das Nachtkästchen, auf den Schreibtisch, ins Auto, in die Handtasche oder Aktentasche. Wählen Sie jeden Tag eine festgesetzte Zeit, um die GÖTTLICHE Weisheit von Dr. Hawkins` Lehren zu lesen.

Die Zitate und Abschnitte stammen aus folgenden Schriften von Dr. Hawkins: *Die Ebenen des Bewusstseins; Das All-sehende Auge; Licht des Alls; Truth vs Falsehood; Erleuchtung ist möglich; Hingabe an Gott;* und *Spirituelle Essenz und weltlicher Schein.* Es handelt sich um Originalzitate, die nur ab und zu geringfügig verändert wurden. Sollten Sie mit einigen Begriffen nicht vertraut sein, schauen Sie bitte in das Glossar am Ende des Buches.

Ich verabschiede mich von Ihnen mit Dr. Hawkins` Zeilen aus *Das All-sehende Auge:* „An einem Punkt bricht die Illusion zusammen und die Öffnung für den Beginn der spirituellen Suche beginnt. Die Suche wendet sich vom Äußeren zum Inneren, und die Suche nach Antworten beginnt."

Mögen Sie die Antworten finden, die Sie hier suchen.

Gott segne Sie!
Scott Jeffrey

TÄGLICHE

BETRACHTUNGEN

1. Januar

F: *Wo fängt man mit der Suche nach spiritueller Wahrheit und Selbstverwirklichung, genannt Erleuchtung, an?*

A: Das ist einfach. Beginne mit wer und was Du bist. Alle Wahrheit befindet sich im Inneren. Nutze verifizierte Lehren als Führer.

2. Januar

Die Welt des Egos ist wie ein Spiegelkabinett, durch das das Ego wandert, verloren und verwirrt, während es die Bilder von einem Spiegel nach dem anderen jagt. Das menschliche Leben wird durch endlose Versuche und Irrtümer charakterisiert, um aus dem Labyrinth herauszukommen. Manchmal wird diese Spiegelwelt für viele Menschen, ja vielleicht sogar für die meisten, zu einem Schreckenshaus, das immer schlimmer und schlimmer wird. Der einzige Weg, aus dieser sich im Kreis drehenden Wanderschaft heraus zu finden, liegt im Streben nach spiritueller Wahrheit.

3. Januar

Alles Leben spielt sich ab in Ebbe und Flut. Jeder wird geboren, erleidet Verletzungen und stirbt. Es gibt Glücklich-Sein und Traurig-Sein, Katastrophe und Erfolg, Aufstieg und Abstieg. Die Aktienbörse steigt und fällt. Krankheiten und Unfälle kommen und gehen. Der karmische Tanz des Lebens entfaltet sich im karmischen Theater des Universums.

4. Januar

Bewusster zu werden ist das größte Geschenk, das jemand der Welt machen kann; und darüber hinaus kehrt dieses Geschenk durch die Wellenbewegung, die es auslöst, zu seinem Ursprung zurück.

5. Januar

Das grenzenlose Bewusstseinsfeld ist all-gegenwärtig, allmächtig und umfasst alle Existenz. So kann nichts außerhalb seines unendlichen Bereiches geschehen, da es die Quelle von Existenz schlechthin **ist**. In diesem unbegrenzten Kraftfeld bestehen abnehmende Ebenen von Energiefeldern. Diese werden fortschreitend in Form, d.h. auf lineare Weise, zum Ausdruck gebracht. Ihre relative Kraft nimmt auf dem Weg hinunter bis zum Individuum ab.

Das riesige Feld kann man mit einem immensen elektrostatischen Feld vergleichen, in dem das Individuum wie eine aufgeladene Partikel ist, welche aufgrund der unendlichen Kraft des Feldes automatisch innerhalb des Feldes entsprechend ihrer individuellen „Ladung“ angeglichen wird. Die Ladung des karmischen spirituellen Körpers wird durch Vorsatz, Entschluss und bewusste Anpassung bestimmt.

Der naiven Wahrnehmung scheint es so, dass das, was intellektuell nicht erklärbar ist, einen „Zufall“ darstellt, vor allem, wenn das Ereignis nicht vorhersehbar war. Insofern das unendliche Bewusstseinsfeld in Bezug auf seine Dimensionen unbegrenzt ist, kann sich nichts außerhalb seiner ereignen. Alles, was in ihm passiert, unterliegt seinem Einfluss, und deshalb ist in der Wirklichkeit so etwas wie „Zufall“ nicht möglich.

6. Januar

Das Ziel der Gesellschaft im Allgemeinen liegt im Erfolg in der Welt, während das Ziel der Erleuchtung darin besteht, darüber hinaus zu wachsen.

7. Januar

Durch innere Demut, verbunden mit Weisheit, nimmt der Wahrheitssuchende ernsthaft Notiz von den angestammten Beschränkungen der menschlichen Psyche an sich und verlässt sich nicht mehr auf das empfängliche persönliche Ego als dem alleinigen Schiedsrichter der Wahrheit.

8. Januar

Spirituelle Entwicklung ist nicht eine Erfüllung, sondern ein Lebensweg. Es ist eine Ausrichtung, die ihre eigenen Belohnungen mit sich bringt. Das Wichtige daran ist die Richtung der eigenen Motive.

9. Januar

Es ist bereits die Folge spirituellen Verdienstes, wenn man eine ganze großartige Lehre hören darf. Danach zu handeln, bringt sogar noch größeren Vorteil.

10. Januar

F: *Was können wir wirklich tun, um in der Welt hilfreich zu sein?*

A: Mache Dein Leben zum Geschenk und erhebe die ganze Menschheit, indem Du gütig, aufmerksam, vergebend und mitfühlend bist, zu allen Zeiten, an allen Orten und unter allen Bedingungen mit jedem, auch mit Dir selbst. Das ist das größte Geschenk, das irgendjemand geben kann.

11. Januar

Spirituelles Lernen ergibt sich nicht in einer linearen Progression wie Logik. Es ist eher so, dass Vertrautheit mit spirituellen Prinzipien und Disziplinen das Gewahrsein öffnet und zur Selbsterkenntnis führt. Nichts „Neues“ wird gelernt, stattdessen präsentiert sich das, was bereits existiert, als vollkommen offenbar.

12. Januar

Alle spirituelle Wahrheit ist in jedem spirituellen Konzept enthalten. Es ist nur notwendig, *ein einziges Konzept* ganz und vollständig zu verstehen. Dadurch versteht man sie alle und kann so zur Realisierung des WIRKLICHEN gelangen.

13. Januar

Alle Fragerichtungen führen letztendlich zur selben Antwort. Die Entdeckung, dass nichts verborgen ist und die Wahrheit überall offen liegt, ist der Schlüssel zur Erleuchtung im Hinblick auf die einfachsten praktischen Dinge und das Schicksal der Menschheit. Wenn wir unser Alltagsleben untersuchen, kann sich herausstellen, dass alle unsere Ängste auf Falschheit basieren. Das Falsche gegen das Wahre auszutauschen, das ist das Wesen des Heilens aller sichtbaren und unsichtbaren Dinge.

14. Januar

Klassischerweise nennt man die Bereitschaft für ernsthafte spirituelle Arbeit „Reife“. An diesem Punkt mag schon das Hören eines einzigen Wortes, Satzes oder Namens plötzlichen Entschluss und Verpflichtung zur Wahrheit anstoßen. Spirituelle Hingabe kann somit auf subtilem Wege langsam und schrittweise eintreten und dann plötzlich einen gewaltigen Sprung machen. Einerlei, auf welchem Weg, sobald der Same einmal auf bereiteten Boden gefallen ist, beginnt die Reise im Ernst. Normalerweise kann der Wendepunkt durch einen unerwarteten Geistesblitz herbeigeführt werden, und von diesem Augenblick an ändert sich das Leben.

15. Januar

Aus allumfassendem, bedingungslosem Mitgefühl erwächst die Heilung aller Menschen.

16. Januar

In einem Universum, wo Gleiches sich zu Gleichem gesellt, ziehen wir das an, was wir ausstrahlen.

17. Januar

Der Wille wird durch Hingabe aktiviert und verstärkt. Darauf antwortet er mit Inspiration, welche durch Gnade zur Erleuchtung führt. Der persönliche Wille löst sich in den GÖTTLICHEN Willen auf, und der Funke, der zu spirituellem Suchen und Forschen führt, ist ein GÖTTLICHES Geschenk.

18. Januar

Jede unserer Handlungen oder Entscheidungen *für* das Leben unterstützt *alles* Leben, auch unser eigenes. Die Wellen, die wir auslösen, kehren zu uns zurück.

19. Januar

Alles im Universum gibt ständig ein identifizierbares Energiemuster einer spezifischen Frequenz ab, die für alle Zeiten bestehen bleibt und von denjenigen gelesen werden kann, die wissen, wie. Jedes Wort, jede Tat und jede Absicht erschaffen eine dauerhafte Aufzeichnung; jeder Gedanke ist bekannt und für immer registriert. Es gibt keine Geheimnisse; nichts ist verborgen, oder kann es sein. Jeder lebt in einem öffentlichen Raum. Unser aller GEIST [spirit] steht zur rechten Zeit für alle sichtbar nackt da. Jedermanns Leben ist schlussendlich verantwortlich für das Universum.

20. Januar

F: *Was sollte der übergreifende Kontext des spirituellen Engagements sein?*

A: Selbstloser Dienst aus Liebe zu allen Geschöpfen und zur SCHÖPFUNG. Die ERLEUCHTUNG anzustreben, dient GOTT und den Mitmenschen. Sei wachsam und stimme Dich auf die Schönheit ein, die allem, was existiert, zueigen ist. Sieh' den Zauber und die malerische Eigenart auch jener Dinge, die die Welt als alt, angeschlagen oder hässlich betrachten würde.

21. Januar

Man kann sagen, dass Wahrheit und Wirklichkeit sich entsprechen, und dass diese Entsprechung nun verifiziert werden kann, indem man auf eine kalibrierte Wahrheitsebenenskala Bezug nimmt, die objektiv, unpersönlich und unabhängig von der Meinung des Beobachters ist. Es ist wichtig zu begreifen, *dass eine Feststellung einer angeblichen Wahrheit es erfordert, den Kontext dieser Aussage näher zu bestimmen.*

22. Januar

Ein Grundprinzip hat die Kraft, die Probleme des sozialen Marktes zu lösen; es lautet: Setze Dich für *Lösungen* ein, anstatt vermutliche *Ursachen* anzugreifen.

23. Januar

Das Menschsein ist ein „Elend", dessen Last wir alle zu tragen haben. Wir erinnern uns nicht daran, dass wir darum baten, geboren zu werden, und wir erbten einen Verstand [mind], der so beschränkt ist, dass er kaum fähig ist, zwischen dem zu unterscheiden, was dem Leben zuträglich ist, und dem, was zum Tode führt. Im gesamten Lebenskampf geht es darum, diese Kurzsichtigkeit zu überwinden.

24. Januar

Der lebendige Beweis von GOTTES Liebe und Willen für Dich ist das Geschenk Deiner eigenen Existenz.

25. Januar

Das Leben selbst hat keine Meinung, es *ist* einfach. Leben wechselt schnell von einer Form in eine andere, ohne innere Reaktion oder Widerstand. Es registriert nicht einmal eine Reaktion auf die Veränderung der Form. Leben ist, wie Licht, seinem inneren Wesen nach formlos und geht über Vorliebe, Widerstand oder Reaktion hinaus.

26. Januar

Die menschliche Welt repräsentiert einen Reinigungs- und Sühneort [purgatorial] ähnlich einer Angebotspalette von Gelegenheiten und Wahlmöglichkeiten, von den grausamsten bis zu den erhabensten, von Kriminalität zu Adel und Würde, von Angst zu Mut, von Verzagtheit zu Hoffnung und von Geiz zu Nächstenliebe. Wenn also der Zweck der menschlichen Erfahrungen darin besteht, sich weiter zu entwickeln, dann ist die Welt, so wie sie ist, dafür vollkommen.

27. Januar

Das Leben entfaltet sich aus sich selbst und braucht keinen Kommentar. Die Gewohnheit, alles, dessen Zeuge man wird, zu bearbeiten, muss willentlich GOTT übergeben werden.

28. Januar

Obwohl der menschliche Verstand gern glaubt, dass er „natürlich" der Wahrheit gewidmet ist, ist in Wirklichkeit das, wonach er wirklich sucht, die Bestätigung dessen, was er bereits glaubt. Dem Ego ist Hochmut angeboren und ihm gefällt die Enthüllung nicht, dass das meiste dessen, was es glaubt, nur Trugbilder seiner Wahrnehmung sind.

29. Januar

Hingabe an die Wahrheit selbst ist der schnellste Weg zu ihrer Entdeckung.

30. Januar

Der gereifte spirituell Strebende ist jemand, der die Angebote des Egos und die falschen Versprechungen von Glück erforscht hat.

31. Januar

Vergleiche Dich nicht mit anderen in Bezug auf „Heiligkeit", Verdienst, Güte, Würdigsein, Sündlosigkeit usw. Das sind alles menschliche Ansichten und Gott ist nicht durch menschliche Begriffe begrenzt.

1. Februar

In Wahrheit leben und überleben wir nicht *wegen* des Egos, sondern *trotz* seiner.

2. Februar

F: *Wo kann man die Realität der ewigen Wahrheit finden?*

A: Beginne damit, die sehr wichtige Aussage zu akzeptieren, dass alle Wahrheit subjektiv ist. Vergeude nicht ganze Lebenszeiten mit der Suche nach objektiver Wahrheit, denn so etwas gibt es nicht. Selbst wenn es das geben würde, könnte es doch ausschließlich durch die rein subjektive Erfahrung davon gefunden werden. Alles Wissen und alle Weisheit sind subjektiv. Von nichts kann man sagen, dass es existiert, wenn es nicht subjektiv erfahren wurde.

3. Februar

Um der Welt am besten zu dienen, suche Erleuchtung und überschreite die Illusionen, anstatt zu ihnen beizutragen.

4. Februar

Die Fähigkeit, die Wahrheit zu erkennen, ist ein Potenzial innerhalb des menschlichen Bewusstseins. Die vereinigte Absicht des Bewusstseins aller Menschen in diese Richtung verstärkt das gesamte Feld. Auf einer intuitiven Ebene weiß jeder, dass Wahrheit Leben unterstützt und Falschheit Tod bringt.

5. Februar

Das menschliche Fortschreiten ist evolutionär. Daher sind Irrtümer und Fehler unvermeidbar. Die einzige wahre Tragödie liegt darin, älter zu werden, aber nicht weiser.

6. Februar

Akzeptanz ist die große Heilerin für Streit, Konflikt und Verstimmungen. Sie korrigiert auch großes Ungleichgewicht in Wahrnehmung und schließt das Überhandnehmen negativer Gefühle aus. Alles dient einem Zweck. Demut bedeutet, dass wir nicht alle Ereignisse und Gegebenheiten verstehen werden. Akzeptanz ist nicht Passivität, sondern „Nicht-Positionalität“.

7. Februar

Auch nur von Erleuchtung zu hören, ist bereits das seltenste aller Geschenke. Jemand, der einmal etwas von Erleuchtung gehört hat, wird sich niemals mit etwas Geringerem zufrieden geben.

8. Februar

Der Nutzen, seine Fehler anzunehmen, anstatt sie zu bestreiten, ist eine Erhöhung innerer Selbstaufrichtigkeit, Sicherheit, und Selbstachtung, begleitet durch eine stark verminderte Selbst-Verteidigung. Eine sich selbst gegenüber aufrichtige Person ist für die Verletzung seiner oder ihrer Gefühle durch andere nicht anfällig; deshalb hat aufrichtige Innenschau einen unmittelbaren Nutzen in der Verminderung von gegenwärtigen sowie möglichen, emotionalen Schmerz.

9. Februar

Erkenne, dass die Beschreibung GOTTES als „Richter“ eine Verdrehung des Egos ist, die aus einer Projektion von Schuld aus den Strafen der Kindheit resultiert. Erkenne, dass GOTT kein Elternteil ist.

10. Februar

Wie man „dem höchsten Guten am besten dient“, verläuft in Übereinstimmung mit der vorherrschenden Bewusstseinsebene des Beobachters. Es gibt niemals nur eine einzige Antwort für alle Menschen.

11. Februar

Spiritueller Fortschritt ergibt sich automatisch, wenn man guten Willen, Vergebung und Liebend-Sein [lovingness] als seinen Weg des Fortschreitens in der Welt im Ganzen wählt, statt ihn als eine Gewinn suchende Tätigkeit aufzufassen.

12. Februar

Spirituelle Entwicklung ist die automatische Folge einer Haltung, in der man den Geist/das Gemüt [mind] und seine Neigungen als ein „es" vom allgemeinen Standpunkt des Paradigmas von Kontext und nicht von Inhalt aus betrachtet. Anstatt sich zu bemühen, gewaltsame Veränderung herbeizuführen, ist es nur nötig, dem GÖTTLICHEN zu erlauben, dieses zu tun, indem man jede Kontrolle, allen Widerstand und die Illusionen von Gewinn und Verlust auf tiefster Ebene übergibt. Es ist nicht erforderlich, Illusionen zu zerstören oder anzugreifen, sondern man braucht sie schlicht nur von sich abfallen zu lassen.

13. Februar

Die Welt zu überwinden, erfordert Mitgefühl und Akzeptanz. Sie gehen aus innerer Demut hervor, welche die Welt GOTT übergibt, gefolgt von einem größeren Seelenfrieden.

14. Februar

Es ist nicht die Welt, welche die Falle darstellt, sondern die eigene Anhaftung daran, zusammen mit den eigenen Beobachtungen, welche die Suche nach der WAHRHEIT verdunkeln.

15. Februar

Anhaftung ist eine sehr seltsame Qualität des Egos. Sie kann in all ihren überall vorhandenen und zahlreichen Erscheinungsformen von Festhalten vollständig aufgelöst werden, indem man einfach nur seinen Glauben daran oder den Glauben an ihren Wert als eine Realität loslässt. Die Anhaftung an „Selbst“ oder „mich“ oder „Ich“ ist die grundlegende Falle. Man kann dann deren Fantasiewert aufsuchen, denn das Selbst hängt sich an das, was es für wert hält.

Wir stellen fest, dass Anhaftung eine Energie und eine Absicht braucht und davon aufrechterhalten wird. Der Geist [mind] ist dem Prozess der Anhaftung selbst, den er für ein Überlebenswerkzeug hält, verhaftet. Das Ego loszulassen basiert auf der Bereitschaft, seine Anhaftung daran als einen Ersatz für GOTT und einfach eine weitere Illusion aufzugeben.

16. Februar

Was das Ego mit all seiner Gewalt nicht stemmen kann, ist für die Gnade GOTTES wie eine Feder.

17. Februar

Die beste Einstellung ist eine der Hingabe zur Wahrheit, anstatt der Falschheit gegenüber streitsüchtig zu sein. Aufgeschlossene Neugierde führt zur fortschreitenden Entdeckung von Information, die nie zuvor verfügbar war, was deshalb nach der ersten Freisetzung herausfordernd erscheinen mag.

18. Februar

Das Äußere ist nicht die Wesenheit, Wahrnehmung ist nicht Wirklichkeit, und das Cover ist nicht das Buch. Fehler sind ganz häufig überzeugend, was eine unangenehme Tatsache ist, die man bedenken und akzeptieren muss. Jeder glaubt insgeheim, dass seine oder ihre eigene persönliche Sicht der Welt echt, sachlich und wahr ist.

19. Februar

Spiritueller Fortschritt gründet sich auf Akzeptanz als Akt des freien Willens und freier Wahl. So erfährt jeder nur die Welt, die er selbst gewählt hat. Das Universum ist absolut frei von Opfern, und alle Gegebenheiten entfalten sich aus innerer Wahl und Entscheidung.

20. Februar

Je weniger die Wünsche vorherrschen, desto größer ist die Erfahrung von Freiheit.

21. Februar

Es ist hilfreich, sich daran zu erinnern, dass Wert und Anziehung im Auge des Betrachters sind und keine Qualitäten der Welt selbst darstellen. Was man sich als „dort draußen" vorstellt, stammt von „hier drinnen". Eben dies bezieht sich auch auf lieb gewonnene Positionalitäten und verführerische Annahmen. Es gibt nämlich keine Versuchungen „dort draußen". Und ihre Anziehungskraft schwindet durch einfache Zurückweisung und Verzicht.

22. Februar

Akzeptiere, dass das Konzept der „Gottesfurcht" Unwissenheit darstellt. GOTT ist Frieden und Liebe und nichts anderes.

23. Februar

Traditionsgemäß führen die Pfade zu Gott durch das Herz (Liebe, Hingabe, selbstloses Dienen, sich ausliefern, Verehrung und Anbetung) oder durch den Geist [mind] (Advaita oder der Pfad der Nicht-Dualität). Jeder Weg mag auf der einen oder anderen Stufe angenehmer erscheinen, und sie wechseln auch in der Intensität ab.

Ob Du den Pfad des Herzens oder des Geistes gehst, in jedem liegt jedoch ein Hindernis in der Vorstellung, dass es ein persönliches Selbst oder ein „Ich" oder Ego gäbe, das die Bemühung oder Suche ausführt und dann erleuchtet sein wird. Es ist viel einfacher zu erkennen, dass es so etwas wie ein Ego oder eine „Ich-Identität" gar nicht gibt, die irgendeine Tätigkeit wie Suchen ausübt. Stattdessen ist deutlich, dass ein unpersönlicher Bewusstseinsaspekt dieses Forschen und Suchen übernimmt.

24. Februar

Das Sehnen, Gott zu kennen, ist in sich selbst ursprünglich, unverdorben und das ultimative Streben.

25. Februar

Eine hilfreiche Annäherung besteht darin, die Liebe zu Gott an die Stelle des eigenen Willens, der die Suche antreibt, zu setzen. Man kann jeden Wunsch, zu suchen, loslassen und erkennen, dass der Gedanke, es gäbe irgendetwas anderes als Gott, eine durch nichts begründete leere Vorstellung darstellt. Dies ist die gleiche Eitelkeit, welche die Urheberschaft unserer Erfahrungen, Gedanken und Handlungen für sich in Anspruch nimmt. Durch Nachdenken kann man erkennen, dass sowohl der Körper, als auch der Geist [mind], das Ergebnis der unzähligen Bedingungen des Universums sind, und dass man bestenfalls Zeuge dieses Zusammenspiels ist.

Aus einer grenzenlosen Liebe zu Gott erwächst die Bereitschaft, alle Beweggründe aufzugeben außer demjenigen, nur Gott vollkommen zu dienen. So wird es immer mehr zum Ziel, ein Diener Gottes zu werden, statt Erleuchtung zu erlangen. Ein vollkommener Kanal für Gottes Liebe zu sein, bedeutet, sich vollständig auszuliefern und das Ziel der Suche des spirituellen Egos auszumerzen. Reine Freude wird dann zum Ansporn für jede spirituelle Arbeit.

26. Februar

Niemand ist „gezwungen“, beim Auftauchen einer negativen Erinnerung Ärger zu fühlen, und keiner muss sich in ein Gedankenfeld von Angst hinsichtlich der Zukunft einklinken. Das sind nur Optionen. Der Geist [mind] ist wie ein Fernsehapparat, in dem verschiedene Kanäle zur Auswahl laufen, und kein Mensch muss einer bestimmten gedanklichen Versuchung folgen. Man kann dem Reiz erliegen, sich selbst zu bedauern, oder ärgerlich oder besorgt zu sein. Die heimliche Anziehungskraft all dieser Wahlmöglichkeiten besteht darin, dass sie einen inneren Ausgleich oder eine heimliche Befriedigung bieten, die die Gedanken des Geistes anziehen.

27. Februar

Innerhalb gewisser Grenzen tendieren wir dazu, die Reflektion dessen zu erleben, was wir geworden sind.

28. Februar

Die Quelle der Freude ist immer gegenwärtig, stets erreichbar und nicht von Umständen abhängig. Es gibt lediglich zwei Hindernisse: 1. Die Unwissenheit, dass diese Quelle erreichbar und gegenwärtig ist, und 2. die höhere Wertschätzung von etwas anderem als Frieden und Freude wegen des heimlichen Vergnügens der Befriedigung.

Für Schaltjahre:

29. Februar

Die Herausforderungen geistiger Arbeit kommen zum Vorschein, wenn wir uns dem stellen, was wir nicht vermeiden können. Es ist die direkte Konfrontation, die einen Sprung im Bewusstsein bedingt.

1. März

Die Erfahrung der Gegenwart GOTTES im Inneren ist zu allen Zeiten verfügbar, wartet aber auf die entsprechende Wahl. Diese Wahl kann nur dadurch getroffen werden, dass man alles, was anders ist als Frieden und Liebe, GOTT vollständig übergibt. Dann offenbart sich die GÖTTLICHKEIT des SELBSTES als stets anwesend – aber bisher nicht erfahren, – weil der Mensch sie nicht kannte oder vergaß oder etwas anderes gewählt hatte.

2. März

F: *Welche Eigenschaften erleichtern Verständnis und Transformation?*

A: Widmung, Hingabe, Glaube, Gebet, Überantwortung [surrender] und Inspiration. Wenn die Hindernisse weggeräumt sind, offenbart sich die WAHRHEIT spontan.

3. März

Unterbrechung des Lebensflusses durch unerwartete Ereignisse erschafft Angst vor der notwendigen Neuausrichtung, die eine wichtige Entscheidung erfordern kann. Es ist wichtig zu wissen, dass spirituelle Forschung aufzeigt, dass alles Leiden und alle gefühlsmäßige Pein aus Widerstand herrühren. Die Heilung verläuft durch Übergabe [surrender] und Akzeptanz, die den Kummer erleichtern.

4. März

Die Erkenntnis, dass es eine Quelle für Freude und Glück jenseits des Egos gibt, ist ein großer Schritt. Dann kommt Neugier auf und ein Interesse daran, wie man spirituelle Ziele erreichen könnte. Glaube wächst und wird durch Vertrauen und schließlich durch Erfahrung unterstützt. Als nächstes folgen die Aneignung von Lehren, Informationen und dann die Praxis dessen, was man gelernt hat. Die spirituelle Energie wächst, indem man sie einlädt, gefolgt von Widmung und der Bereitschaft, alle Hindernisse zu übergeben.

Allein schon die Entscheidung, sein ganzes Leben in GOTTES Obhut zu geben, bringt Freude und gibt dem Leben eine ganz neue Bedeutsamkeit. Das wirkt aufbauend und der größere Kontext gibt dem Leben mehr Bedeutung und Werthaltigkeit. Am Ende will man Negativität nicht mehr unterstützen, weder innerlich noch äußerlich. Das hängt nicht damit zusammen, dass diese falsch wäre, sondern nur nutzlos. Obgleich die Reise zu GOTT mit Niederlagen und Zweifeln beginnt, führt sie doch in die Gewissheit. Der Weg ist wirklich ganz einfach.

5. März

Im Leben zu gewinnen, bedeutet, die Besessenheit von der Suche nach dem „Schuldigen“ aufzugeben. Wohlwollendes und gütiges Wesen ist weit kraftvoller als kriegerisches. Es ist besser, Erfolg zu haben, als zu „gewinnen“.

6. März

Aus seiner ganzen Natur heraus ist der Pfad zu GOTT nicht leicht. Er erfordert erheblichen Mut, Stärke, Bereitschaft und Durchhaltevermögen, und wird durch Demut und ein wohlwollendes Gewissen gestärkt.

7. März

Eine äußerst wertvolle Einsicht, die von allen spirituell entwickelten Menschen im Laufe ihrer Entwicklung erfahren wird, ist, dass das eigene persönliche Bewusstsein als der entscheidende Einfluss gesehen wird, der alles bestimmt, was im Leben geschieht.

8. März

Ein Ziel im Geist [mind] festzuhalten, ist inspirierend und wirklich hilfreich für seine Erfüllung; denn das, was man im Kopf festhält, hat die Tendenz, sich in die Aktualität umzusetzen. Es ist jedoch ein Fehler, sich selbst mit Schuldgefühlen zu bestrafen, wenn man es nicht schafft, das Ideal zu erreichen. Bei näherer Untersuchung wird man häufig entdecken, dass eigentlich nicht das Ziel dasjenige war, was man wünschte, sondern die Befriedigung, die mit seiner Erreichung verbunden war.

3

9. März

Wirkungsvolle spirituelle Bemühung ist die Folge von Beständigkeit und Ausdauer und nicht von enthusiastischen Anfällen und Ausbrüchen.

10. März

Innere Befriedigung wird wichtiger als weltlicher Gewinn oder der Wunsch, andere zu kontrollieren oder zu beeinflussen. Anziehung ersetzt Förderung. Schließlich beziehen sich Widerstände nicht mehr auf das weltliche Leben und seine wahrgenommenen Werte. Stattdessen ist die innere Intension eine solche von Reinheit und Selbstlosigkeit. Somit wird Evolution zur Folge des Prozesses selbst und ergibt sich nicht aus Suchen oder Erwerben.

11. März

Auf dem spirituellen Pfad begegnet man Blockaden und Versuchungen, und es treten Zweifel und Ängste auf. Man nennt sie mit der klassischen Ausdrucksweise „Prüfungen". Sie steigen aus dem Ego auf, das keinen Geschmack am Aufgeben seiner Herrschaft findet. Man überwindet sie durch erneute Bestätigung der Ziele und Verpflichtung, wie auch durch Verstärkung entgegenwirkender Prinzipien, wie Widmung, Durchhaltevermögen, Standfestigkeit, Mut, Überzeugung und Absicht. Je größer die Herausforderung, desto größer ist die Entwicklung innerer Stärke, Entschlossenheit und Entscheidungskraft. Durch Beharrlichkeit und Disziplin kann man erkennen, dass Versuchungen eigentlich nur Wahlmöglichkeiten sind, die man lediglich zurückzuweisen braucht. Sie rufen nicht nach Angriff oder Verneinung.

12. März

Anhaftungen sind Illusionen. Man kann sie aufgrund der eigenen Liebe zu GOTT ihm übergeben. Das fördert die Bereitschaft, jene Dinge loszulassen, die angenehm vertraut sind.

13. März

Subjektiv ist alles, was man zum Fortschreiten braucht, Geduld, Gebet, Vertrauen in den Prozess und Übergabe der Widerstände. Verwirrung ist, wie ein Wetterumschwung, eine vorübergehende Störung, die sich mit Geduld und ebenso mit dem Erheben zur nächsten Stufe aufklärt, wodurch man den Bereich der Verwirrung überschritten hat.

14. März

Es ist erfreulich zu entdecken, dass es nicht nottut, sich anzutreiben. Man kann sich stattdessen einfach erlauben, sich weiter zu entwickeln, indem sich die Blockaden auflösen. Somit zieht uns eher die Zukunft an, als dass die Vergangenheit uns vorantreibt.

15. März

Als spirituell gereifter Mensch versteht man, dass die gegenwärtige Lebensspanne kostbar und zu wertvoll ist, um sie mit Vorstellungen von Überlegenheitsgefühlen zu vergeuden oder mit anderweitig prahlerischen Illusionen, die das Ego aufplustern.

16. März

Die beste Verteidigung gegen die Entwicklung von Ärger ist es, andere als gleichwertig zu betrachten, die Erwartungen herunterzuschrauben und auf dem Weg der Demut die Erfüllung seiner Wünsche GOTT zu übergeben. Mit fortschreitender Loslösung und dem Fallenlassen der Bedürfnisse und Erwartungen des Egos baut sich der Ärger ab.

17. März

Man wird nicht erfolgreich, indem man das Vorbild beneidet und herabsetzt, sondern es nachahmt. Somit muss der von Ärger besessene Mensch zurückgehen und nachholen, was in seiner eigenen Erziehung und Entwicklung fehlt.

18. März

Es gibt keine Kunst ohne Liebe. Kunst ist immer das Wirken der Seele, das kunstvolle Berühren des Menschen durch den Menschen, sei es eine körperliche Berührung oder eine Berührung des Verstandes [mind] oder des GEISTES [spirit] – so war es seit der Zeit der Neandertaler, und so wird es immer sein.

19. März

Wahre Askese ist einfach eine Sache sparsamen Umganges mit Anstrengung. Es sind ja nicht die Besitztümer selbst, sondern deren angeblicher Wert oder die Wichtigkeit, welche auf sie projiziert werden, was Bedeutung hat. Aus diesem Grunde wird dazu geraten, „die Welt wie ein weites Kleid zu tragen".

20. März

Frustration ist die Folge von Übertreibung der Wichtigkeit von Wünschen.

21. März

Gewahrsein des allumfassenden, schweigenden Kontextfeldes wird durch einen kontemplativen Lebensstil erleichtert. Dieser ist vergleichbar mit einem Verschieben des Interesses von den Einzelheiten auf das „große und ganze Bild“. Das „entwickelt“ übergreifende Eigenschaften wie die Atmosphäre, ohne ins Spezielle zu gehen. Deshalb ergibt sich daraus mehr Allgemeines als Denken oder Analyse von Details.

Der Widerstand des Egos/Geistes liegt darin begründet, dass es befürchtet, etwas „zu verpassen“. Es ist ja nach der Verarbeitung von Einzelheiten des Inhaltes von Form begierig, die die Anziehung und Verlockung der Welt darstellen. Der Welt zu entsagen, bedeutet, seine Energie von ihr zurückzuziehen und Aktivitäten herunterzufahren, welche Aufmerksamkeit für spezielle Einzelheiten erfordern. Dadurch versenkt man sich in das SELBST, statt den unterhaltsamen Darbietungen des Selbstes zuzuschauen.

22. März

Was wir erleben, beobachten, aufzeichnen, sind scheinbare Ketten, Abläufe von Erfahrungen. Aber selbst im absoluten Gewahrsein als solchem geschieht in Wirklichkeit nichts. Gewahrsein registriert nur, was erlebt wird; es hat keine Wirkung darauf. Gewahrsein an sich ist das all-umfassende Attraktorfeld unbegrenzter Kraft, das mit dem Leben selbst identisch ist. Und alles, was der Geist/das Gemüt [mind] glaubt, erweist sich auf einer höheren Stufe des Bewusstseins als Irrtum.

23. März

Kreatives Schaffen und Genialität gehören von Natur aus zum menschlichen Bewusstsein. Insofern als jeder Mensch in sich dieselbe Essenz des Bewusstseins trägt, ist Genialität ein Potenzial, das uns allen innewohnt. Sie wartet nur auf die geeigneten Umstände, um sich auszudrücken.

24. März

Der Prozess, Ärger abzuarbeiten, erfordert innere Ehrlichkeit und die Bereitschaft, das, was nicht integer oder seinem Wesen nach nicht bearbeitbar ist, zu übergeben und es durch Selbstvertrauen zu ersetzen. Kompensierende Haltungen, die weit mehr Kraft entfalten als Ärger, sind Widmung, Vernunft, Demut, Dankbarkeit, Durchhaltevermögen und Toleranz.

25. März

Jedermann weiß auf einer bestimmten Ebene, dass er „ist". Das Ego sucht dann haarspalterisch nach Einzelheiten spitzfindiger Definitionen, aber das SELBST lässt sich durch die List nicht täuschen. Alle falschen Identifikationen kann man in einem einzigen Augenblick fallen lassen – durch die Bereitschaft, alle Denkvorgänge [mentalizations] GOTT zu übergeben.

26. März

Der Geist [mind] ist zwischen Wünschen und Abneigungen gefangen, die beide bindende Wirkungen haben. Eine Aversion ist ihrem Wesen nach auch Anhaftung an eine konditionierte Wahrnehmung und wird durch Akzeptanz demontiert.

27. März

Alle Annahmen des Verstands sind allerhöchstens provisorisch und ein Gewahrsein dieser Begrenzung ist eine inhärente Eigenschaft von Weisheit. Weisheit kennzeichnet ein Maß an Demut als auch an Flexibilität. Sie impliziert ebenfalls eine bewahrende, umsichtige Haltung, die sich gewahr ist, dass weiterführende Informationen im Laufe der Zeit und durch Erfahrung hinzukommen werden. Weisheit betrachtet somit alles Wissen als vorläufig und dem Wandel ausgesetzt – nicht nur in der Bedeutung, sondern ebenfalls in der Signifikanz und im Wert.

28. März

Dadurch, dass das GÖTTLICHE sich als Existenz in den Ausdruck bringt, entstehen alle Dinge von selbst, sind „selbst-erschaffen“. Daher kann jedes „Ding“ nur sein, was es aufgrund der Gesamtheit des ganzen Universums ist.

29. März

Der dualistische Verstand [mind] sieht die Welt der Erscheinungen als einen Event, ein Ereignis, oder eine Sache, und nimmt ein anderes Konzept an, nämlich das der „Veränderung“. Der Verstand sucht Erklärungen und ist bezüglich der eigenen Strukturen, Motivationen, und Begrenzungen naiv. Das Selbst nimmt an, dass es einen inneren primären kausalen Handelnden gibt, wie den „Ausführer“ von Taten, den „Denker“ von Gedanken, und den „Entscheider“ von Entscheidungen. Ohne solch eine dualistische Erklärung weiß die geradlinige Verstand nicht mehr ein noch aus, um die Entstehung von Erscheinungen zu erklären.

30. März

Spirituelle Arbeit umfasst das Abziehen von Anhaftung an oder Identifizierung mit Inhalt – und dann die fortschreitende Erkenntnis, dass die eigene Realität im Kontext wurzelt. Die kürzeste Erklärung ist, dass das kleine menschliche Selbst Inhalt ist, und das SELBST Kontext.

31. März

Die Bestimmung des GEISTES [spirit] wendet sich zum Besseren oder Schlechteren in Abhängigkeit von den Wahlen und Entscheidungen, die man getroffen hat.

1. April

Die Bewusstseinsebene wird durch die Wahlen bestimmt, die vom spirituellen Willen getroffen werden und ist deshalb die Konsequenz sowie die Determinante von Karma. Entwicklungsfreiheit erfordert eine Welt, in der die größten Möglichkeiten auf der spirituellen Leiter sowohl aufzusteigen als auch abzusteigen, vorhanden sind. Aus dieser Perspektive betrachtet, ist dies eine ideale Welt, und ihre Gesellschaft besteht aus einem breiten Angebot von Erfahrungsmöglichkeiten.

2. April

Bis man die Genialität in sich selbst erkannt hat, wird es sehr schwierig sein, sie in Anderen zu erkennen – wir können im *Außen* nur sehen, was wir im *Innen* erkennen.

3. April

Die Bandbreite unserer Auswahlmöglichkeiten ist gewöhnlich durch unsere Sichtweise begrenzt.

4. April

Freiheit ist die Möglichkeit, die man hat, sein eigenes Schicksal zu gestalten und die wesentlichen, inneren geistigen Wahrheiten zu lernen. Damit Gewinn oder Verlust auftritt, müssen die Wahlen in einem Zustand von Glauben und der Erfahrung getroffen werden, dass sie „real" sind. Auf diese Weise dient sogar Illusion dem spirituellen Wachstum, weil sie zu ihrer Zeit real zu sein scheint.

5. April

Ausnahmslos immer Liebe, Frieden und Vergebung zu wählen, führt einen aus dem Spiegelkabinett heraus.

6. April

Das menschliche Leben ist dem GEIST [spirit] dienlich. Die Welt ist weniger schmerzvoll anzuschauen, wenn sie als die best-mögliche Schule betrachtet wird, in der wir Erlösung verdienen und einander durch unser eigenes Leben dienen.

7. April

Gewahrsein ist eine Eigenschaft des Bewusstseins selbst, die nicht damit belastet ist, irgendetwas „tun“ zu müssen. Sie „ist“ einfach und begreift Essenz direkt vermittels der ihr innewohnenden Kapazität. Die An-Wesenheit des GÖTTLICHEN als das SELBST ist mühelos.

8. April

Handlungen sind die automatische Konsequenz der Integration von Kontext, Feld und Absicht. Jede Aktion ist in Wirklichkeit spontan und reflektiert karmische Neigungen und lokale Bedingungen, die Ausdruck fördern oder nicht fördern können. Um Handlungen zu entpersonalisieren, muss man nur den Glauben loslassen, dass es einen getrennten, unabhängigen kausalen Handelnden gibt, der „Ich“ heißt.

9. April

Verwirklichung ist eine Option und eine Wahl als Aspekt des Willens. Jede positive Wahl vergrößert die Wahrscheinlichkeit und Voraussichtlichkeit weiterer positiver Wahlmöglichkeiten. Jede positive Wahl bringt einen näher an ein höheres Attraktorfeld des Bewusstseins.

10. April

F: *Wie sollte man spirituelle Arbeit betrachten?*

A: Der Prozess besteht in Entdeckung und ist somit von Innen her gesteuert. Durch den Einfluss des SELBSTES wird spirituelle Bemühung zu einem gewählten Lebensziel. Das ist in erster Linie eine Entscheidung.

11. April

So wie sich die Vorherrschaft der Wahrnehmung des Egos zurückzieht, geschieht dies auch mit der Erscheinung der Welt und den Interpretationen des Verstandes. Entscheidungen beruhen auf projizierten Wahrnehmungen. Somit erkennt der Verstand endlose Illusionen, einschließlich Einteilungen, die auf Beurteilung basieren. Solche, die als „gute“ Optionen angesehen werden, bieten sich zur Wahl und Annahme an. Somit reflektieren alle Wahrnehmungen Inhalt.

12. April

Verpflichtung [commitment] ist das Herzstück von Wahrheit selbst, und diese ist frei von der Verführung durch Missionierung oder Geheimnisse. Alles, was erforderlich ist, sind Neugier und Hinwendung zur Wahrheit, die vollständig, ganz und sich selbst genügend ist.

13. April

Objektiv kann man sehen, dass Gedanken wirklich zum Bewusstsein der Welt gehören; der individuelle Verstand verarbeitet sie nur in neuen Kombinationen und Abwandlungen. Scheinbar wirklich ursprüngliche Gedanken werden durch das Medium der Genialität nur zum Vorschein gebracht und von ihren Urhebern stets als Geschenk, als gefunden oder gegeben bezeichnet und nicht als selbst erdacht. Es kann schon sein, dass wir alle einzigartig sind, wie ja auch keine zwei Schneeflocken einander gleichen ... jedoch sind wir immer noch einfach nur Schneeflocken.

14. April

Es gibt weder einen inneren „Denker“ hinter den Gedanken, noch einen „Täter“ hinter den Handlungen und auch keinen „Sucher“ nach Erleuchtung. Suchen tritt von selbst auf, wenn die Zeit dafür reif ist, und es zeigt sich als ein Fokus für Aufmerksamkeit. Alle Aspekte und Eigenschaften des Bewusstseins lösen sich selbst aus und energetisieren einander unter der allgemeinen Führung des Willens.

15. April

In der WIRKLICHKEIT ergibt sich alles aus sich selbst, ohne eine äußere Ursache. Jedes Ding und jedes Ereignis ist eine Manifestation der Gesamtheit von ALLEM, WAS IST, gerade so, wie es in jedem gegebenen Augenblick ist. Sobald man einmal die Gesamtheit erblickt, ist alles zu allen Zeiten vollkommen und bedarf keines äußeren Anlasses für irgendeine Veränderung, in welcher Weise auch immer.

Vom Blickpunkt der Positionalität des Egos aus und mit seinem begrenzten Sichtausschnitt scheint die Welt endlose Korrekturen und Verbesserungen zu brauchen. Diese Illusion fällt als Nichtigkeit in sich zusammen.

16. April

Nichts im Universum ereignet sich durch Veränderung oder Unfall. Das Universum ist ein einheitliches Zusammenwirken und ein sich gegenseitiges Beeinflussen von unzähligen Bedingungen, die sich aus einer unendlichen Anzahl von Energiemustern ergeben. Im Zustand von Gewahrsein ist all dies offensichtlich, und man kann es klar sehen und erkennen.

Außerhalb dieser Gewahrseinsebene könnte man es mit unzähligen, unsichtbaren Magnetfeldern vergleichen, die automatisch den eigenen Standort in sich hinein ziehen und mit diesem Feld verschmelzen oder es abstoßen, und die entsprechend den Positionen, relativen Stärken und Polaritäten miteinander interagieren. Alles beeinflusst alles andere und bleibt stets in vollständiger Ausgewogenheit.

17. April

Sobald man erkennt, dass man das Universum *ist*, vollständig und eins mit ALLEM, WAS IST, für immer und ohne Ende – dann ist kein Leiden mehr möglich.

18. April

Durch Beobachtung kann man sehen, dass unter den Bildern und Worten als solchen eine treibende Energie besteht, ein Wunsch zu denken, zu überlegen, sich mit jeder Eingabe zu beschäftigen, die der Geist [mind] finden kann, um Lücken zu füllen. Man kann einen Hang zum Denkend-Sein [thinkingness], welches *unpersönlich* ist, entdecken. Wenn man genau beobachtet, kann man sogar erkennen, dass da überhaupt kein „Ich" ist, welches all diese Gedanken denkt. Tatsächlich interveniert das „ICH" selten.

19. April

Was die höhere Wahrheit sucht, ist nicht ein persönliches „Ich", sondern ein Aspekt des Bewusstseins selbst, der Eingebung, Hingabe, Widmung und Durchhaltevermögen ausdrückt, die alle zusammen Aspekte des spirituellen Willens sind. Somit ist die Quelle der Suche nach dem SELBST dieses SELBST selbst, das die notwendigen Prozesse dafür mittels seiner eigenen Fähigkeiten, welche durch GNADE gefördert werden, anstößt.

20. April

Wie ein Frühling erhebt sich das Versprechen einer neuen Ära aus dem neuen Verständnis des Menschen von GOTT. Jetzt ist das Bewusstseinsfeld der Menschheit hoch genug, um die Wahrheit von einem GOTT der LIEBE erkennen zu können, und nicht länger einen Gott des Hasses und der Schuld zu verehren.

21. April

Alle so genannten „Probleme“ sind ausschließlich Produkte des Denkens und existieren nicht in der Welt.

22. April

In der WIRKLICHKEIT offenbart alles automatisch die ihm innewohnende Bestimmung seiner Essenz; es bedarf keiner äußeren Hilfe, um das zu tun. Mit Demut kann man die selbsternannte Rolle des Egos als Erlöser der Welt aufgeben und diese geradenwegs GOTT überlassen. Die Welt, die das Ego sich vorstellt, ist eine Projektion seiner eigenen Illusionen und willkürlich angenommenen Positionalitäten. Eine derartige Welt existiert nicht.

23. April

F: *Ist ein kontemplativer Lebensstil in der heutigen Welt möglich?*

A: Wenn die Absicht stark ist, passt sich das tägliche Leben an. Kontemplation umfasst Nicht-Anhaftung, was Aktivität nicht ausschließt.

24. April

Wahres Glück ist immer „in diesem Augenblick" dieses Moments. Das Ego erwartet Wohlbehagen und Befriedigung immer in der Zukunft, „wenn" ein Wunsch erfüllt wird.

25. April

Alle Bereiche des menschlichen Wissens ändern sich mit der Zeit, sogar die Geschichtsschreibung unterliegt der Revision, basierend auf neuen Entdeckungen und Methodologien. Somit ist aller Glaube und alle Information provisorisch, sogar dann, wenn die Fakten sich nicht ändern, so unterliegen sie doch mit der Zeit der Veränderung in ihrer Signifikanz oder in ihrer Bedeutung.

26. April

Menschen mit entsprechendem Selbstwertgefühl haben kein Bedürfnis, andere zu hassen.

27. April

Wie ein Korken im Wasser oder ein Ballon in der Atmosphäre, steigt jede Seele innerhalb der unendlichen Bereiche der Energiefelder des Bewusstseins bis auf die Ebene, zu der ihre Auftriebskraft sie trägt. Dabei spielt kein äußeres „Gericht" oder göttlicher Zwang mit. Jedes Wesen strahlt seine eigene Essenz aus und bestimmt so sein eigenes Schicksal. Dadurch ist die GÖTTLICHE Gerechtigkeit vollkommen. Aufgrund der getroffenen Wahl bekommt jede Seele das, was sie gewählt hatte. In allen Bereichen gibt es in jedem Augenblick die Möglichkeit der Wahl der absoluten Realität, die allgegenwärtig ist. Die endgültige Entscheidung dafür führt zur Befreiung.

28. April

In diesem Universum, in dem alles miteinander verbunden ist, lässt jede Verbesserung, die wir in unserem persönlichen Leben vornehmen, die Welt im Ganzen für alle besser werden. Wir treiben alle auf der kollektiven Bewusstseinsebene der Menschheit, so dass jede Zutat, die wir hinzufügen, zu uns zurück kommt. Wir alle tragen durch unser Bemühen, dem Leben förderlich zu sein, zur allgemeinen Auftriebskraft bei. Was wir für das Leben tun, nützt automatisch allen, denn wir haben alle an dem teil, was Leben ist. Wir *sind* das Leben. Es ist eine wissenschaftliche Tatsache, dass das, „was Dir gut tut, auch mir bekommt".

29. April

Eine Frage kann nicht gestellt werden, es sei denn, dass es bereits das Potenzial der Antwort gibt.

30. April

Die Hauptbeschränkung des Bewusstseins ist seine Arglosigkeit. Das Bewusstsein ist leichtgläubig; es glaubt alles, was es hört. Das Bewusstsein ist wie die Hardware, die jede Software abspielt, die eingegeben wird. Diese Arglosigkeit unseres eigenen Bewusstseins verlieren wir nie; sie bleibt bestehen, naiv und vertrauensvoll, wie ein leicht beeindruckbares Kind. Sein einziger Schutz ist ein scharfsichtiges Gewahrsein, welches das hereinkommende „Programm" überprüft.

1. Mai

Unabhängig von Inhalten sind die Fähigkeiten, zu sein, zu wissen, zu existieren und Gewahrsein auszuüben, apriorische Grundlagen für Leben in seinem Ausdruck als Bewusstsein.

Zu existieren und sich der Existenz bewusst zu sein, übersteigt jede Logik, Vernunft und jeden Beweis. Gewahrsein ist sich dessen gewahr, dass es gewahr ist. Um Gott zu kennen, ist es nur notwendig, die Bedeutung der Tatsache, dass man existiert, zu kennen und voll zu verstehen.

2. Mai

Eine Analyse der Natur von Bewusstsein offenbart, dass Erlösung als Folge der Rückkehr des Bewusstseins zu seinem ursprünglich unverdorbenen Zustand von Nicht-Dualität eintritt. Das kann es nur aufgrund des „Gehorsams“ tun, indem es die Dualitäten von Wille und Eigenwilligkeit des Egos der Nicht-Dualität von GOTTES WEISHEIT übergibt. Die Rückkehr aus der Dualität des Egos in die Nicht-Dualität des GEISTES ist so schwierig und unwahrscheinlich, dass sie überhaupt nur durch GÖTTLICHE GNADE möglich wird. Deshalb braucht der Mensch einen Erlöser, der sein Fürsprecher ist, seine Intuition und der Dreh- und Angelpunkt für seine Errettung von den Schmerzen und Leiden des Egos.

3. Mai

F: *Was bedeutet „Übergeben [surrender] an GOTT“ wirklich?*

A: Es bedeutet, die Kontrolle und die geheimen Befriedigungen der Positionalitäten des Egos aufzugeben. Halte Dich nur an Liebe und GOTT als die Quelle von Leben und Freude. Diese Wahl steht in jedem Augenblick zur Verfügung. Wenn man sie endgültig getroffen hat, ist die Belohnung groß. Spirituelles Gewahrsein erleuchtet den Weg, wenn man es eingeladen hat. Der Schlüssel dazu heißt Bereitschaft.

4. Mai

Wenn man Gott das übergibt, wofür man sich hält, bleibt man nicht als „Nichts“ übrig, sondern ganz im Gegenteil. Es führt dann zur Entdeckung, dass man Alles ist.

5. Mai

An sich ist Ärger nur eine subjektive Emotion, die aus sich heraus nicht wirklich etwas in der Welt vollbringt, wie der Gebrauch von Verstand und Selbstbeherrschung es tun würde. Ärger wird vom Ego als Ersatz für Mut benutzt, der natürlich erfordert, dass jemand entschlossen, geradlinig und seinen Verpflichtungen folgend, lebt.

6. Mai

Während der Ego-Verstand das Ziel verfolgt, vorwiegend zu machen, zu handeln, zu erwerben oder zu leisten, ist die Intention der Kontemplation zu „werden". Während der Intellekt etwas „über" etwas wissen möchte, bemüht sich die Kontemplation um Wissendheit an sich und um bedingungsfreie Weisheit. Rationales Denken ist zeitbezogen, aufeinander folgend und linear, während Kontemplation außerhalb der sequenziellen Zeit geschieht. Sie ist nichtlinear und bezieht sich auf das Erfassen des Wesensgehalts. Hingebungsvolle Kontemplation ist ein Pfad oder eine Herangehensweise, sich in der Welt zu bewegen, indem das eigene Leben als Gebet gelebt wird.

7. Mai

Spirituelle Entwicklung erfolgt stufenweise: Am Anfang lernt man etwas über spirituelle Wirklichkeit und studiert sie. Dann kommt die Praxis und Anwendung der Lehren in jedem Aspekt des Lebens, und schließlich wird man zum Gebet. Durch Hingabe, Verpflichtung und Anwendung werden spirituelle Ideen Erfahrungswirklichkeiten.

8. Mai

Das, was erscheint und dann als existent angesehen wird, wird durch die Tugend von Gewahrsein allein kenntlich. Dies ist die Qualität des Bewusstseins, welche die Kenntnis, die Erfahrung, und das Gewahrsein ermöglicht, dass man *existiert*, oder dass man *ist*. Zu *sein* ist eine Sache aber *zu wissen, dass man ist*, ist eine andere.

9. Mai

Ernsthafte innere spirituelle Arbeit mag dem Ego mühsam und anspruchsvoll erscheinen. Sie ist für den GEIST aber aufregend, denn er wünscht sich sehr, nach Hause zu kommen. Bewusstsein sucht von innen heraus seine Quelle.

10. Mai

Das wichtigste Element, mit dem sich das Bewusstsein voranbringen lässt, ist eine Haltung der *Bereitwilligkeit*, die den Verstand durch neue Beurteilungsmöglichkeiten für die mögliche Gültigkeit neuer Hypothesen öffnet. Die Beweggründe zur Veränderung sind so vielfältig wie die unzähligen Facetten des Wesens des Menschen; sehr oft aber findet man, dass sie spontan auftauchen, wenn der Verstand von einem Rätsel oder Paradox herausgefordert wird. Das absichtliche Schaffen solcher „Sackgassen" zum Herbeiführen eines Sprungs im Bewusstsein ist in bestimmten Lehrsystemen, wie Zen, eine gebräuchliche Methode.

11. Mai

Zum Wohlbefinden und Glück anderer Menschen beizutragen ist befriedigend und führt zu der Entdeckung, dass Großzügigkeit ihre eigene Belohnung enthält.

12. Mai

Alle mentalen (linearen) Schilderungen spiritueller/religiöser Wahrheit sind der Entwertung, dem Streit und Zwist unterworfen. Demgegenüber ist Bewusstsein selbst (nichlinear) jenseits des Definier- oder Beschreibbaren und daher nicht dem Skeptizismus, Zweifel oder Unglauben unterworfen.

13. Mai

So wie spirituelles Gewahrsein fortschreitet, erhöht sich auch der Fluss spiritueller Energie und damit die Fähigkeit, zuvor scheinbar unüberwindliche Hindernisse zu transzendieren. Während die Anziehungskraft der Welt und der Emotionen nachlässt, entfaltet sich ein fortschreitendes Hingezogensein zu Eigenschaften wie Schönheit, Liebenswürdigkeit und Frieden anstelle von „Dingen“ oder scheinbarem Gewinn. Vergebung wird zur gewohnheitsmäßigen Haltung, und die innewohnende Unschuld aller Schöpfung strahlt hervor. Die Lehren der großen Heiligen und Lehrer werden von Innen her zu den eigenen.

14. Mai

Spirituelle Überantwortung wird durch die Ausrichtung des spirituellen Willens auf die Attribute des GÖTTLICHEN bestärkt. Diese sind Wahrheit, Liebe, Mitgefühl, Weisheit und Nicht-Parteilichkeit. Hingabe ist die Priorität des Lebens und zieht das an, was dabei behilflich ist. Ein Diener GOTTES zu sein, ist eine Widmung, wodurch das Ziel Vorrang vor allen anderen Möglichkeiten, Attraktionen, oder Ablenkungen hat.

15. Mai

Ohne Bewusstsein gäbe es nichts, mit dem Form erfahrbar wäre. Man könnte also auch sagen, dass die Form selbst, als ein Produkt der Wahrnehmung ohne unabhängige Existenz, vorübergehend und beschränkt sei, wohingegen das Bewusstsein all-umfassend und unbeschränkt sei. Wie könnte das Vorübergehende, das einen deutlichen Anfang und ein Ende hat, dasjenige erschaffen, was formlos, all-umfassend und all-gegenwärtig ist? Wenn wir jedoch sehen, dass die Vorstellung der Beschränktheit selbst nur ein Produkt der Wahrnehmung ist und keine immanente Realität hat, dann löst sich das Rätsel von alleine: Form wird ein Ausdruck des Formlosen.

16. Mai

Wir beeinflussen andere Menschen mehr durch das, was wir sind, als durch das, was wir sagen oder haben.

17. Mai

5

Wenn man sie als Funktion des Egos untersucht, offenbart sich Meinung selbst als nichts anderes als eine Idee, der eine Eigenwichtigkeit hinzugefügt wurde, weil es sich um „meine" Meinung handelt. Eine Meinung ist eine Idee, die den Glanz von Wichtigkeit in sich selbst erworben hat und deshalb attraktiver ist als einfach Vernunft, Logik oder Fakten.

18. Mai

Obwohl er dem Bewusstsein an sich innewohnt, bleibt der Kontext gewöhnlich nicht erwähnt, benannt oder definiert. Aus diesem Grund hat es früher keine tatsächliche Wahrheitswissenschaft an sich gegeben, geschweige denn ein Mittel des Richtigbefunds oder der Bestätigung. Deshalb ist es unumgänglich, dass sich die Menschheit abmüht und wiederholt in ein endloses Unheil fällt. Sie wiederholt beispielsweise immer wieder dieselben Fehler und hofft auf ein anderes Ergebnis.

19. Mai

GOTTES Gnade kann man als die absolute Sicherheit des karmischen Zusammenhaltes des gesamten Universums in all seinen Ausdrucksformen als Bereiche und Möglichkeiten verstehen. Gnade ist die Vorsehung im Bereich des Bewusstseins, die alle Mittel zur Erlösung und absoluten Freiheit zur Verfügung bereithält. Man legt sein eigenes Schicksal durch Wahl fest. Es gibt keine willkürlichen Mächte, mit denen man rechnen müsste.

20. Mai

In Dankbarkeit für das Geschenk des Lebens weiht man dieses Leben wieder GOTT als Geschenk durch selbstlosen Dienst an SEINER ganzen Schöpfung.

21. Mai

Das, was Existenz besitzt, ist bereits total und vollständig, denn sonst würde es nicht existieren. Existenz erfordert keine Abhängigkeit von irgendeiner anderen Bedingung. Bedingte Existenz ist insoweit eine Illusion des Egogeistes, der annimmt, dass nichts existiere, was nicht von irgendetwas außerhalb seiner selbst abhängt. Existenz ist aber in sich selbst vollständig [self-complete] und bedingungslos. Existenz *ist* einzig und allein durch die Gnade GOTTES, durch GÖTTLICHEN Erlass.

22. Mai

Wenn die wesentliche Dynamik der spirituellen Suche nicht spiritueller Ehrgeiz – irgendwohin zu kommen – ist, sondern die fortschreitende Übergabe der Hindernisse an die Liebe, entsteht später nicht das, was man „spirituelles Ego" nennt, als weiteres Hindernis.

23. Mai

F: *Wie kann man die Entwicklung eines spirituellen Egos vermeiden? Es scheint so, als könnte jeder Erfolg es vergrößern.*

A: Erkenne, dass es keine solche Wesenheit wie den Täter von Taten oder Handlungen gibt. Somit gibt es keinen Täter und kein Selbst, dem man Vorwürfe machen oder Anerkennung zollen könnte. Fortschritt ist Folge einer Bewusstseinseigenschaft, die durch Betätigung des spirituellen Willens aktiviert wurde. Spirituelle Inspiration wird zur wirkenden Energie. Sie kommt nicht aus dem Ego/Selbst.

24. Mai

Emotion ist kein Anzeiger für Wahrheit, da sie Positionalitäten und Konditionierungen sowohl widerspiegelt als auch verfestigt.

25. Mai

5

F: *Welches ist für einen spirituellen Schüler/Devotee/Suchenden die vermutlich dienlichste Sicht auf die Welt?*

A: Nimm an, dass der augenblickliche „Sinn" der Welt vollkommen ist und nur GOTT ihn kennt. Sieh ihn als im Ganzen neutral, aber mit dem Nutzen, den er als optimale Gelegenheit für spirituelles Wachstum und Bewusstseinsentwicklung bietet. Die Welt ist eine Schule für Erleuchtung und Offenbarung der GÖTTLICHKEIT, wodurch das Bewusstsein/Gewahrsein wieder auf seine Quelle hin erwacht. Somit dient Streben nach Erleuchtung schon in sich selbst der Welt und GOTT.

26. Mai

Wahre Großzügigkeit erwartet keine Gegenleistung, da keine anhaftende Bindung besteht.

27. Mai

Ein sich selbst gegenüber ehrlicher Mensch wird nicht Opfer verletzter Gefühle und hat auch nicht „mit anderen ein Hühnchen zu rupfen“. Ehrliche Einsicht bringt unmittelbaren Nutzen durch Verminderung bereits vorhandener oder möglicher emotionaler Schmerzen. Eine Person ist gegenüber gefühlsmäßigem Leiden genau im Verhältnis zu ihrem Grad von Selbst-Gewahrsein und Selbst-Annahme verletzbar.

28. Mai

Der Schlüssel zu schmerzlosem Wachstum liegt in der Demut, die schlicht darauf hinausläuft, dass man Stolz und Verstellung fallen lässt und Fehlbarkeit als normale menschliche Eigenschaft für sich selbst und andere akzeptiert.

5

29. Mai

Es ist sehr wertvoll, eine grundlegende Aussage zu wählen, nach der man sein Leben ausrichtet, wie beispielsweise die Entscheidung, gegenüber allem Leben in all seinen Ausdrucksformen voller Güte und gutem Willen zu sein.

30. Mai

Es ist hilfreich, sich daran zu erinnern, dass weder Wahrheit noch Erleuchtung etwas ist, das gefunden, gesucht, erreicht, gewonnen oder besessen werden kann. Die unendliche An-Wesenheit ist immer anwesend, und ihre Erkenntnis ergibt sich von selbst, sobald die Hindernisse, die dieser Verwirklichung im Wege stehen, ausgeräumt sind. Es ist deshalb nicht notwendig, die Wahrheit zu studieren, sondern lediglich das, was irreführend ist, loszulassen. Die Wolken hinweg zu ziehen, bewirkt nicht, dass die Sonne scheint, sondern offenbart lediglich das, was bisher verborgen war.

Mit anderen Worten: Spirituelle Arbeit ist in erster Linie damit verbunden, das, was man zu wissen glaubt, für das Nicht-Gewusste aufzugeben. Dafür erhält man das Versprechen jener, die das bereits getan haben, dass die Anstrengung sich am Ende mehr als lohnt.

31. Mai

Wenn man einen grundlegenden spirituellen Satz als Lebensmotto wählt, nach dem man auch tatsächlich lebt, wird daraus eine Gesamtheit von Haltungen, welche die Wahrnehmung verändert. Es ist eine Art, sich selbst zu positionieren und sich zum Leben einzustellen, und nicht die Übernahme linearer Glaubenssysteme. Haltungen führen zu Verallgemeinerungen in Form von Unterscheidung und nicht so sehr als definierbare Wahrnehmung.

1. Juni

Entscheidungen, allem Leben gütig entgegenzukommen oder die Heiligkeit von ALLEM, WAS IST, zu achten, sind kraftvolle Haltungen auf dem Wege spiritueller Entwicklung. Sie gehen zusammen mit den Tugenden des Mitgefühls, der Bereitschaft zu vergeben und der Suche zu verstehen, statt zu verurteilen. Wahrnehmungen lösen sich in die Unterscheidungsfähigkeit des Wesentlichen auf, wenn man sie ständig dem GÖTTLICHEN übergibt.

2. Juni

Zu urteilen ist die große Eitelkeit aller Egos. Die Schrift sagt: „Urteile nicht, damit Du nicht verurteilt wirst". Und weiter „Mein ist das Gericht", spricht der Herr. Christus lehrte, zu vergeben. Der Buddha sagte, es gäbe nichts zu verurteilen, weil die Wahrnehmung lediglich Illusion sehen kann. Wahrnehmung ist immer parteilich und durch einen willkürlichen Kontext begrenzt. In Wahrheit ist kein Urteil möglich.

3. Juni

F: *Was ist mit dem „Letzten Gericht"?*

A: Der Mensch stülpt die Eigenschaften des Egos GOTT über und bekommt dann Angst vor GOTT. Gerichtstag ist jeder Tag. Er ist bereits da und dauert fortwährend und ohne Ende an.

4. Juni

Da es offensichtlich ist, dass es in der Welt viele Elemente und Kräfte gibt, welche sich dem menschlichen Leben und Glück als schädlich entgegenstellen, ist es nicht nötig, diese zu hassen oder zu verteufeln. Stattdessen muss man nur angemessene Mittel ergreifen und jene Einflüsse meiden.

5. Juni

Durch Beobachtung wird man sehen, dass das Gegensatzpaar gut/böse lediglich eine Widerspiegelung eines übergreifenden Kontextes ist, der auf ungeprüften Annahmen beruht. Mit tiefer Demut wird man schnell erkennen, dass der Geist/das Gemüt [mind] ohne Hilfe tatsächlich nicht autorisiert, nicht ausgerüstet und nicht fähig ist, solch eine wertende Unterscheidung zu treffen. Er kann dieses herausfinden, indem er einfach beginnt zu fragen: „Für wen ist es gut, für wen ist es schlecht? Wann und unter welchen Umständen gilt dies?" Das führt am Ende dazu, dass man seinen ganzen übergreifenden Kontext von Bedeutung und Wertigkeit des menschlichen Lebens selbst als einer vorübergehenden Lernerfahrung untersucht.

6. Juni

Es ist unrealistisch und schließlich auch schädlich, zu glauben, dass andere Menschen sowohl unsere eigenen persönlichen Maßstäbe, sittlichen Vorstellungen und Verhaltensmaßstäbe als auch unsere Deutung der Wirklichkeit übernehmen und danach leben „sollten". Projizierter Moralismus wird stets als „sollte" ausgedrückt (wie beispielsweise die kindische US-amerikanische Ansicht, dass alle anderen Länder Demokratien sein „sollten") und führt oft zu Ressentiments, Hass, Groll oder sogar zu Vergeltungsschlägen und natürlich auch zu Krieg. Man kann sich dafür entscheiden, die Versuchung, gewohnheitsmäßig zu verurteilen, zurückzuweisen, was wachsenden inneren Frieden bescheren wird.

7. Juni

Jeder Fortschritt, den wir in unserem Gewahrsein machen, kommt einer Vielzahl zu gute und stärkt den nächsten Schritt anderer, die folgen. Jede Tat der Güte wird vom Universum bemerkt und für immer bewahrt.

8. Juni

Güte gegenüber sich selbst und allem, was lebt, ist die stärkste aller Wandlungskräfte. Sie erzeugt keine Rückschläge, hat keine negative Seite und führt uns nie zu Verlust oder Verzweiflung. Sie steigert die eigene, wahre Kraft, ohne einen Preis zu fordern. Aber, um die maximale Stärke zu erreichen, kann solche Güte *keine* Ausnahmen zulassen, und sie darf auch nicht in der Erwartung einer Belohnung praktiziert werden. Ihre Wirkung ist so weitreichend wie subtil.

9. Juni

Demut beseitigt die Untermauerungen des Egos in Form von Urteilen, Positionalitäten und Moralisieren.

10. Juni

Ablösung von Positionalitäten und besonders von solchen, die durch Etikettierung hervorgerufen wurden, führt zu Ruhe, Freiheit und Sicherheit. Größere Gelassenheit steigt auf, wenn man sich mit dem Kontext des Lebens, statt mit seinem Inhalt, identifiziert, welcher hauptsächlich ein Spielfeld für interagierende Egos ist. Diese weiter greifende Art, sich dem Leben anzunähern, führt zu größerem Mitgefühl und Eigenständigkeit gegenüber den Auswirkungen der Welt.

11. Juni

Wie bei jeder begrenzenden Position des Egos ist es nicht diese Position selbst, die losgelassen werden muss, sondern das emotionale Ergebnis oder die Energie, welche das Festhalten an solch einer Denkposition für das Ego bringt.

12. Juni

Dieser Augenblick ist die einzige Realität, die man erfahren kann. Alles andere ist eine Abstraktion und ein mentales Konstrukt. Deshalb kann man in Wirklichkeit überhaupt nicht siebzig Jahre lang leben. Nur dieser eine, exakte, flüchtige Augenblick ist möglich.

13. Juni

Persönliche Verurteilung beruht auf Wahrnehmung, die durch Meinung und vorhergehende Programmierung verstärkt wird. All dieses wird durch die Befriedigung der negativen Energien des Egos festgehalten. Das Ego „liebt" es einfach, Böses zu ertragen, sich als Märtyrer darzustellen, missverstanden zu werden und ewiges Opfer der Hässlichkeiten des Lebens zu sein. Dadurch bekommt es eine enorme Befriedigung, nicht nur aus der Positionalität selbst, sondern auch durch Sympathie, Selbstmitleid, Zugeständnisse, Wichtigkeit oder dadurch, dass es die Hauptbühne bildet, auf der das Selbst der Held oder die Heldin des Melodramas ist.

14. Juni

Die Welt ist tatsächlich Unterhaltung. Wie zum Vergnügen gemacht, soll sie mit leichter Hand getragen werden. Der Himmel ist im Inneren und wird durch Gewahrsein offenbart. Die Welt ist lediglich eine Erscheinung. Ihr Melodrama ist ein künstliches Erzeugnis eines verfälschten Wahrnehmungssinnes. Dies verführt einen zu dem Gedanken, die Welt sei groß, mächtig und dauerhaft, und das SELBST sei klein, schwach und vergänglich; jedoch ist das genaue Gegenteil wahr.

15. Juni

Die Entscheidung für Wahrheit, Frieden und Freude steht jederzeit zur Verfügung, obwohl sie scheinbar hinter Unwissenheit und mangelndem Gewahrsein vergraben liegt. Dieses sind jedoch lediglich die Ergebnisse einer früheren Wahl anderer Optionen, die zur Gewohnheit wurden. Die innere Wahrheit tritt von selbst hervor, wenn alle anderen Möglichkeiten in der Auslieferung an GOTT zurückgewiesen wurden.

16. Juni

Durch innere Beobachtung kann man unterscheiden, dass die Persönlichkeit ein System von angelernten Antworten darstellt und die Persona nicht das wirkliche „ICH" ist. Das wirkliche „ICH" liegt dahinter und geht darüber hinaus. Man ist Zeuge dieser Persönlichkeit, und es gibt überhaupt keinen Grund, warum man sich mit ihr identifizieren sollte.

17. Juni

Die wirklich Erfolgreichen neigen nicht zu Arroganz, weil sie sich nicht für besser halten als andere, sondern finden, dass sie einfach mehr Glück haben. Sie verstehen ihre Position als ein *Verwalteramt*, mit der Verantwortung, ihren Einfluss zum Besten aller geltend zu machen.

18. Juni

Zuerst erscheint die spirituelle Reinigung schwierig, aber letzten Endes wird sie ganz natürlich. Ausnahmslos immer Liebe, Frieden und Vergebung zu wählen, führt einen aus dem Spiegelkabinett heraus. Die Freude GOTTES ist so höchst erlesen, dass jedes Opfer die Anstrengung und scheinbare Pein wert ist.

19. Juni

Frieden kann eine Folge der Übergabe der Unwägbarkeiten des Lebens sein. Der religiöse oder spirituelle Skeptiker kann nach Innen schauen und beobachten, dass die innere fundamentale, nicht weiter reduzierbare Qualität des Lebens die Fähigkeit zu Gewahrsein, Bewusstsein und das Substrat von Subjektivität ist.

Ohne Bewusstsein würden wir nicht „wissen“ oder auch nur „wissen, dass wir wissen“. Somit ist Bewusstsein das bestimmbare Gewahrsein von Existenz, ohne Beachtung des Inhaltes dieser Existenz. So kann Bewusstsein selbst als eine offenbare Realität akzeptiert werden, ohne dass man ihm die Weiterentwicklung als etwas GÖTTLICHES angedeihen lässt, wie es der Buddha angeraten hat. „Sein“ ist eine Sache; wissen, dass man „ist“, erfordert offensichtlich eine darüber hinausgehende Fähigkeit.

20. Juni

Ein Ziel zu übergeben [surrender], bedeutet nicht, dass man es automatisch verliert. Was auf dem Wege der Gier oft als Illusion erscheint, materialisiert sich häufig mühelos als Folge der Entwicklung zu einer höheren Bewusstseinsebene.

21. Juni

Ein Gefühl friedlicher Erleichterung stellt sich ein, wenn Urteil und Kritik aufgegeben werden, da sie ständiges unbewusstes Schuldbewusstsein und Angst vor Vergeltung verursachen.

22. Juni

Man kann sich selbst die Frage stellen: *Ist es das wert,* G*OTT* *dafür aufzugeben?* So hat die Positionalität des Egos einen Preis, der auf die Bereitschaft gerichtet werden sollte. Jede Positionalität beruht auf der Annahme, dass ihre Erfüllung Glück bringen wird. Deshalb wird nichts wirklich wertgeschätzt, was außerhalb der Illusion liegt, dass es solches Glück herbeiführen könnte.

23. Juni

Wenn wir nicht an ihre durch Wahrnehmung definierte Erscheinung glauben, verschwindet die Welt, die wir für real hielten. Sobald man wählt, mit dem inneren, allgegenwärtigen Potenzial der Freude und des Friedens eins zu sein, verwandelt sich die Welt in einen lustigen Vergnügungspark, und man erkennt, dass das ganze Drama eben nur Drama ist.

24. Juni

Existenz ist ihre eigene Belohnung. Auf lange Sicht ist es befriedigender, Potenziale zu erfüllen, als zu versuchen, Resultate zu erreichen. So kommt man dazu, um der Sache selbst willen stets sein Bestes zu geben.

25. Juni

Rationale Demut, durch die der Verstand belehrbar wird, ist zum Lernen elementar. Der Verstand kann dann aufnehmen, sich einverleiben und sich mit nachprüfbarem und wahrem Wissen identifizieren. Der Schlüssel zum Erfolg ist, eine wahre Autorität zu studieren und zu imitieren, jedoch nicht, ihr durch Neid, Missgunst oder Anfeindung Widerstand zu leisten oder sie anzugreifen.

26. Juni

Je höher die Ebene des Bewusstseins, desto größer die Wahrscheinlichkeit, dass das, was im Verstand gehalten wird, sich verwirklichen wird. Auf diese Weise kann man sagen, dass Lösungen zu visualisieren, die „dem höchsten Ziele dienen“, weitaus mehr Wirkmacht in sich hat, als nur die Erfüllung lediglich seiner persönlichen selbstsüchtigen Wünsche und Vorteile zu projizieren.

27. Juni

Trennende und begrenzte Positionalitäten schaffen Illusionen, die man „Probleme“ nennt. In der Wirklichkeit ist so etwas wie ein Problem nicht möglich. Da gibt es nur das, was wir wünschen und was wir nicht wünschen. Leiden entsteht durch Widerstand.

28. Juni

Man „schuldet“ Reue und Bekenntnis nur dem SELBST. Man „schuldet“ Auflösung von „Sünde und Schuld“ nur dem SELBST. Man „schuldet“ die Verpflichtung, seinen Weg zu ändern, dem SELBST. Man „schuldet“ es dem SELBST, seine Positionalität aufzugeben. Leiden dient nur dem Ego. Von welchem Nutzen sollte es für GOTT sein, der keine Bedürfnisse noch Emotionen hat und sich auf keine Weise an menschlicher Agonie freuen könnte?

29. Juni

Während der Bearbeitung schmerzlicher Gefühle liegt eine hilfreiche Kraftquelle darin, dass man sich mit der ganzen Menschheit identifiziert und erkennt, dass Leiden universal ist und dem Phänomen des Menschseins und der Evolution des Egos eingeboren ist.

30. Juni

Erfolg in jedwedem Unternehmen ist einfach die automatische Konsequenz davon, dass man als Lebenshaltung wählt, der Beste zu sein, der man sein kann, ohne nach dem Gewinn zu schauen.

1. Juli

Die lineare Dimension bringt Leiden mit sich. Deshalb lehrten durch die ganze Geschichte hindurch die besten großen Lehrer die Wege zu Erlösung oder Erleuchtung als die einzige Möglichkeit, diesem Leiden zu entkommen.

2. Juli

Akzeptiere, dass alle fühlenden Wesen durch Vertrauen am Leben sind. Entgegen naiver und überheblicher Behauptungen des Gegenteils leben alle Menschen ausschließlich durch das Prinzip des Vertrauens. Es ist nur eine Frage, *worauf* man vertraut. Vertrauen kann auf Illusionen, den Intellekt, Vernunft, Wissenschaft, Fortschritt, politische und weltliche Macht, Ego-Befriedigung, Vergnügen, Reichtum oder Hoffnung (auf ein „Morgen") gesetzt werden.

3. Juli

Widmung ist ein wichtigeres Zeichen von Redlichkeit als Enthusiasmus. Es ist erforderlich, Vertrauen in den Pfad zu setzen und Zweifel auszuräumen, indem man sicherstellt, ob sie realistisch sind oder lediglich eine Form von Widerstand darstellen. Ein Suchender sollte die Sicherheit und Unterstützung innerer Gewissheit und fester Überzeugung haben, die eine Folge von Lernen, persönlicher Forschung und Untersuchung sind. Dadurch sollte sich ein Pfad durch Entdeckung und innere Erfahrung selbst bestätigen. Ein wahrer Pfad entfaltet sich, offenbart sich von selbst und bestätigt sich durch Erfahrung.

4. Juli

Integrität ist, schlicht gesagt, stark, sie „funktioniert" und ist konstruktiv und erfolgreich, während das Gegenteil versagt. Integrität ist daher praktisch, ihr Fehlen führt zu Schwäche und Zusammenbruch.

5. Juli

Indem wir liebevoll zu anderen sind, entdecken wir, dass wir von Liebe und Geliebtsein [lovingness] umgeben sind. Wenn wir das Leben rückhaltlos unterstützen, ohne Gewinn zu erwarten, unterstützt uns das Leben seinerseits. Wenn wir Gewinn als Motiv aufgeben, antwortet das Leben mit unerwarteter Freigiebigkeit. Und wenn unsere Wahrnehmung in diese Richtung geht, beginnt das Wunderbare sich im Leben jedes hingebungsvollen, spirituellen Strebenden zu zeigen.

6. Juli

Der spirituelle Sucher, der schon mehr gelernt hat, übernimmt Verantwortung für das, was sich scheinbar „dort draußen“ ereignet, nachdem innere Nachforschung stets offenbart, dass die Wahrnehmung und die Quelle des „dort draußen“ in Wirklichkeit „hier drinnen“ sind.

7. Juli

Es gibt kein Gegenteil zum ALL-SEIN, zur LIEBE und GANZHEIT GOTTES. Wenn man nicht ohne jeden Vorbehalt bereit ist, sein Leben selbst hinzugeben und für GOTT zu sterben, dann sollte spirituelle Reinigung anstelle von Erleuchtung das Ziel des Strebens sein.

8. Juli

Probleme können nicht auf ihrer eigenen, gemessenen Bewusstseinsebene gelöst werden, sondern nur durch Fortschritt auf die nächst höhere Ebene.

9. Juli

Die Prinzipien, denen ein Mensch sich verschreibt, bestimmen seine Bewusstseinsebene. Wer im Bewusstsein voranschreiten will, darf nicht vom Prinzip abgehen, oder er fällt zurück auf eine tiefere Ebene.

10. Juli

In Wirklichkeit ist es der Vergebende und nicht derjenige, dem vergeben wird, welcher am meisten profitiert.

11. Juli

Der narzisstische Kern des Egos ist darauf aus, „Recht“ zu haben, egal ob „Recht“ zu haben nun bedeutet, auf Weisheit ausgerichtet zu sein, oder sie als ungültig zurückzuweisen. Mit Demut entdeckt der ernste Sucher, dass der Verstand allein, trotz seines Bildungstandes, unfähig ist, das Dilemma zu lösen, wie man Wahrheit ermittelt und überprüft, was sowohl eine Bestätigung durch subjektive Erfahrung erforderte, als auch objektive, belegbare Kriterien.

12. Juli

F: *Die Attraktionen der Welt erscheinen endlos. Ist es wirklich sicher, dorthin zu gehen? Ich möchte oft einfach flüchten.*

A: Die Attraktionen sind nicht in der Welt, sondern reflektieren projizierte Werte und die Erwartung von Belohnung der Ego-Befriedigungen. Tatsächlich stammt Freude aus dem Innern und ist von äußeren Gegebenheiten unabhängig. Vergnügen hängt mit dem zusammen, was geschätzt und geachtet wird. Viel an projiziertem Wert stammt aus der Einbildung, und Werte reflektieren Wünsche. In Wirklichkeit ist nichts wertvoller als spirituelle Erfüllung.

13. Juli

Wenn man einen verhassten Täter bereitwillig „vom Haken lässt“, indem man ihm verzeiht, ist es letztendlich nicht jene Person, die von dem Haken freikommt, sondern man selbst.

14. Juli

Wenn jemand wählt, zu vergeben, indem er den „Saft“ berechtigter Ressentiments und des Grolls aufgibt, schaltet er alle damit zusammenhängenden Gedanken und Kümmernisse aus. Das wirkt sich auch auf ihre zahlreichen rationalen Verbindungen und Erinnerungen aus.

15. Juli

Das Ego ist schlau. Es stellt spirituellen Stolz an die Stelle von persönlichem Stolz. Es macht einfach weiter, unerschrocken. Es versteht spirituelles Verständnis als persönlichen Verdienst anstatt zu begreifen, dass das Fassungsvermögen, sich zu verstehen, ein spirituelles Geschenk GOTTES ist.

16. Juli

F: *Welche Gebete sind nützlich?*

A: Bitte darum, ein Diener des HERRN zu sein, ein Gefäß für GÖTTLICHE Liebe, ein Kanal für GOTTES Willen. Bitte um Richtungsweisung und GÖTTLICHE Hilfe, und übergib jeden persönlichen Willen durch Hingabe. Widme Dein Leben dem Dienst GOTTES. Wähle Liebe und Frieden vor allen anderen Optionen. Verschreibe Dich dem Ziel bedingungsloser Liebe und Mitgefühl für alles Leben in all seinen Ausdrucksformen, und übergib alles Urteilen GOTT.

17. Juli

Demütige Bitte und Gebet zu GOTT werden durch umfassende und tiefe Ergebung in Demut erleichtert. Diese Demut ist lediglich die wahrheitsgetreue Anerkennung der realen Tatsache, dass das Ego/der Verstand aufgrund seiner Struktur und Zusammensetzung naturgemäß nicht fähig ist, Wahrheit von Falschheit (oder Sein von Schein) zu unterscheiden.

18. Juli

Mut enthält die Bereitschaft, neue Dinge auszuprobieren und mit den Wechselfällen des Lebens umzugehen. Auf dieser Ebene von Ermächtigung ist man fähig, die Gelegenheiten, die das Leben bietet, wirkungsvoll aufzugreifen und zu meistern. … Man gewinnt die Fähigkeit, sich Ängsten zu stellen, Charakterfehler zu bearbeiten und trotz oder wegen dieser zu wachsen. Angst hemmt nicht mehr die Bemühungen, wie das auf den niedrigeren Stufen der Entwicklung der Fall ist.

19. Juli

Mut bedeutet nicht Abwesenheit von Angst, sondern den Willen, diese zu überschreiten. Wenn einem das gelungen ist, zeigt sich verborgene Kraft und die Fähigkeit zu großer Stärke. Versagensängste werden durch die Erkenntnis verhindert, dass man für die Absicht und die Bemühungen verantwortlich ist, nicht aber für das Ergebnis, welches noch von vielen anderen Bedingungen und Faktoren, die nicht persönlich sind, abhängt.

20. Juli

Man trifft wirklich in jedem Augenblick eine Entscheidung zwischen Himmel und Hölle. Die zusammengefasste Auswirkung all dieser gewählten Entscheidungen bestimmt die Messwertebene des Bewusstseins, sowie das eigene karmische und spirituelle Schicksal.

21. Juli

F: *Ist das Ego die Quelle von Karma?*

A: Es ist dessen Ort und Lagerstätte. Sehr wichtig ist die Erkenntnis, dass das Ego und Karma ein und dasselbe sind.

22. Juli

Die Fähigkeit zu vergeben taucht auf, wenn man die Begrenzungen, die in der menschlichen Bedingung selbst liegen, mit ehrlicher Demut annimmt. Schließlich besteht das Los des Menschen darin, im Zuge der Bewusstseinsentwicklung, stets weiter zu lernen.

23. Juli

Mitgefühl wächst aus der Akzeptanz der menschlichen Einschränkung und indem man sieht, dass jedermann wirklich der Gefangene der eigenen Weltanschauung ist. Mit Nichtanhaftung besteht kein Druck mehr, zu versuchen, die Welt zu verändern, oder die Sichtweise anderer Leute, oder sie durch Meinungsverschiedenheiten ins Unrecht zu setzen.

24. Juli

Die Schwierigkeit mit einem engstirnigen Verstand besteht darin, dass er von Haus aus hochmütig ist.

25. Juli

Wenn sie nicht behindert wird, ist die menschliche Psyche schöpferisch und einfallsreich. Jede Bewusstseinsebene hat ihre eigenen, ihr innewohnenden Probleme, aber auch die dazu gehörigen Lösungen. Der Wunsch, die Vergangenheit ungeschehen zu machen, ist begreiflich, aber nutzlos und macht einen blind für die Gelegenheiten der Gegenwart.

26. Juli

Der reife Geist [mind] weiß, dass er sich entwickelt, und dass Wachstum und Entwicklung in und von sich selbst zufriedenstellend und angenehm sind. Reife beinhaltet, dass man gelernt hat, wie man mit der Ungewissheit zufrieden ist und sie als einen berechtigten Bestandteil mit einbezogen hat. Ungewissheit führt zu Entdeckung, wohingegen Skepsis lähmend ist.

27. Juli

Die Schattenseite von Stolz ist Arroganz und Verleugnung. Diese Charakterzüge blockieren Wachstum.

28. Juli

Die Entwicklung verläuft so, dass man sein Leben in Gebet/Kontemplation/Meditation/Anrufung und Ergebung verwandelt. Das Leben wird zum Gebet – das Gebet ist Kontemplation.

29. Juli

Jede Handlung aus Güte, Rücksicht, Vergebung oder Liebe wirkt auf jedermann.

30. Juli

Unsere Wahrnehmung von Ereignissen als in der Zeit geschehend ist vergleichbar mit einem Reisenden, der die Landschaft, die sich vor ihm entfaltet, betrachtet. Aber zu sagen, dass die Landschaft sich vor dem Reisenden entfaltet, ist nur eine Redewendung: Tatsächlich entfaltet sich da nichts; tatsächlich manifestiert sich da nichts. Es gibt nur ein Voranschreiten des Gewahrseins.

31. Juli

Das Ego geht davon aus und ist davon überzeugt, dass seine Wahrnehmungen und Interpretationen der Lebenserfahrungen das „wirkliche Ding“ und deshalb „wahr“ sind. Es glaubt auch aufgrund von Projektion, dass andere Menschen genau in derselben Weise sehen, denken und fühlen, und wenn sie das nicht tun, machen sie Fehler und haben deshalb Unrecht. Auf diese Weise verstärkt Wahrnehmung sein Festhalten durch Vergegenständlichung und Einbildung.

1. August

F: *Wie sollte man sich am besten auf die Welt einstellen?*

A: „In“ ihr zu sein, aber nicht „von“ ihr. Die Welt ist ein Mittel und nicht ein Ziel. Teilnahme ohne Anhaftung zeigt Gewohnheiten und Haltungen, die aus inneren Ego-Positionen folgen.

2. August

Sinnhaftigkeit ist so wichtig, dass viele sich das Leben nehmen, wenn sie keinen Sinn mehr im Leben sehen. Wenn das Leben an Sinn zu verlieren beginnt, werden die Menschen depressiv; und wenn sie keinerlei Sinn mehr in ihrem Leben sehen, verlassen sie es. Macht [force] hat flüchtige Ziele; wenn diese Ziele erreicht sind, bleibt die Lehre der Sinnlosigkeit. Kraft [power] andererseits motiviert uns ohne Ende. Wenn unser Leben beispielsweise dem Wohlergehen aller Menschen gewidmet ist, denen wir begegnen, kann es nie seinen Sinn verlieren.

3. August

Wenn wir prüfen, was die Welt traditionell „böse" nennt, ist das, was wir entdecken, nicht böse, sondern eine Abstraktion, eine bewertende Hinzufügung und Bezeichnung. Stattdessen sehen wir Handlungsweisen, die wie folgt beschrieben werden können: primitiv, infantil, egoistisch, narzisstisch, selbstsüchtig und ignorant, verwoben mit den psychologischen Mechanismen von Verleugnung, Projektion und Paranoia, um Hass zu rechtfertigen.

4. August

Stolz in der Form von Eitelkeit der Gedankens, Denkprozesse, Konzepte und Meinungen sind alle zusammen die Basis von Unwissenheit. Das Gegenmittel ist radikale Demut, welche die Herrschaft der Wahrnehmung auflöst. Bitte darum, dass Dir die Wahrheit offenbart werde, anstatt Dir einzubilden, dass Du sie schon weißt.

5. August

Die wichtigste Qualität, die für wahres Wachstum und Entwicklung notwendig ist, ist die Praxis und der Grundsatz der Demut. Es ist viel weniger schmerzhaft, freiwillig eine grundlegende Haltung von Demut anzunehmen, als sie als schmerzhafte Folge von Unfähigkeit mit Druck auf sich selbst annehmen zu müssen. Trotz ihres negativen öffentlichen und sozialen Images in einigen Bereichen der Gesellschaft, ist Demut bezeichnend für Kompetenz, Weisheit und Reife. Weil Wahrheit die wirkliche Grundlage und endgültige Wirklichkeit ist, auf die Demut beruht, ist sie in keinster Weise angreifbar. Eher offenbart Demut, dass der Verstand nur „über etwas" wissen kann, und dass er nicht zwischen äußerer Erscheinung und Essenz unterscheiden kann.

6. August

Das Ego stützt sich auf Macht [force], der GEIST beeinflusst durch Kraft [power]. Gewahrsein weiß, dass auf Dauer nicht das zählt, was Du tust, sondern, wer Du bist und was Du geworden bist.

7. August

Ich weiß aus mir selbst wirklich nichts, ist eine Tatsache, da der Verstand bestenfalls Eindrücke und Annahmen besitzt. Das Leben ergibt erst in der Rückschau „Sinn".

8. August

Humor ist ein Mittel, um loszulassen und die Ereignisse des Lebens in einen neuen Kontext zu setzen. Er ist ein Weg, um mit leichtem Herzen zu leben und „die Welt wie ein schwereloses Kleid zu tragen". Humor führt zu Mitgefühl für die Gesamtheit des menschlichen Lebens und offenbart die Wahlmöglichkeit, dass man das Leben spielen kann, ohne darin verwickelt zu werden, als wäre es ein anstrengender Kampf um Leben und Tod.

9. August

Humor ist für den Reifungsprozess wichtig. Wir lernen durch ihn, uns selbst nicht so wichtig zu nehmen und über uns selbst zu lachen, was die selbstverliebte Verteidigung mindert. Anfällig für „verletzte Gefühle" zu sein, ist egozentrisch und eine Form gesellschaftlicher Paranoia. Wenn wir unsere Kehrseite zulassen und lernen, darüber zu lachen, sind wir durch Kränkungen und Beleidigungen nicht mehr verletzbar.

10. August

Boshaftigkeit macht uns buchstäblich krank; wir sind immer die Opfer unserer eigenen Gehässigkeit. Sogar geheime feindselige Gedanken erzeugen einen physiologischen Angriff auf den eigenen Körper.

11. August

Spirituelle Lehren müssen angenommen werden, um integriert zu werden. Widerstand kommt vom Ego, dem Demut fehlt und das aufgrund seines Stolzes nicht gerne „Unrecht" hat. Besser ist der Standpunkt, dass man falsche Ansichten nicht aufgibt, sondern stattdessen Bessere gewinnt.

12. August

Die Weisen wissen, dass der Intellekt einen nur bis hierhin bringen kann, und dass darüber hinaus Glaube und Vertrauen Wissen ersetzen müssen.

13. August

Die notwendige spirituelle Information für fortgeschrittene Zustände sollte man frühzeitig gelernt und dann für die Zeit, wenn sie gebraucht wird, gespeichert haben. Eine mögliche Kehrseite des Hörens fortgeschrittener Informationen in einem früheren Stadium kann darin bestehen, dass der Intellekt stolz behauptet: *„Das weiß ich schon."* Es ist besser, die Information unter: *„Das habe ich schon gehört"* zu speichern. Um wirklich etwas zu „wissen", muss man es „sein". Dann „weiß" man nicht, sondern man „ist".

14. August

Die meisten Menschen glauben, dass Liebe etwas ist, das Du bekommst. Sie denken, es sei eine Emotion, die man verdient haben muss; und je mehr man davon weggibt, desto weniger wird man davon haben. Das Gegenteil ist die Wahrheit. Liebevoll sein ist eine Haltung, die unsere Erfahrung der Welt transformiert. Wir werden dankbar für das, was wir haben, und nicht stolz. Wir bringen unsere liebevolle Art zum Ausdruck, wenn wir andere anerkennen und ihre Beiträge zu unserem Leben und unserem Wohlergehen wertschätzen. Liebe ist keine Emotion, sondern eine Art zu sein und sich auf die Welt zu beziehen.

15. August

Liebe wird als ein Gefühl missverstanden. In Wirklichkeit ist sie ein Bewusstseinszustand, eine Art, in der Welt zu sein, eine Art, sich selbst und andere zu betrachten. Liebe für GOTT oder die Natur oder auch nur für sein Haustier öffnet einem die Tür zu spiritueller Inspiration. Der Wunsch, Andere glücklich zu machen, überwiegt dann den Egoismus. Je mehr Liebe wir geben, um so größer wird unsere Fähigkeit dazu. Es ist eine gute Anfangspraxis, anderen im Verlauf des Tages einfach mental Gutes zu wünschen. Liebe erblüht zum Liebend-Sein [lovingness], das bei seinem Fortschreiten immer intensiver und freudvoller und immer weniger wählerisch wird.

16. August

Man muss die Illusion des Verstandes, dass er irgendetwas wüsste, durchschauen. Das nennt man Demut und ihr Wert besteht im Öffnen der Türe zu Erkenntnissen, Offenbarungen und intuitivem Wissend-Sein [knowingness].

17. August

Starke Absicht plus Widmung, unterstützt von Inspiration, kann auch nach vorherigen Fehlschlägen überraschenden Erfolg bringen. Das offenbart die innere Kapazität für Tapferkeit und Stärke, welche Selbstachtung und Selbstvertrauen stark erhöhen. Viele Arbeiten im Leben können nur gemeistert werden, indem man sich bis zum Letzten verausgabt, was Selbstvertrauen aufbaut.

18. August

Das Gegenmittel für Stolz liegt in der Wahl von Demut und Integrität anstelle einer Positionalität, wie etwa Wichtigsein, Recht haben, es jemandem heimzahlen, in Scham versinken oder Bewunderung suchen. Für alle Erfolge gibt man GOTT als Anwesenheit des GÖTTLICHEN im Inneren die Ehre und nicht dem Ego. So führt Erfolg zu Dankbarkeit und Freude und nicht zu angreifbarer Stolzerfülltheit.

19. August

Mut kommt aus Verpflichtung und Integrität der Anpassung und Widmung. Eine wertvolle Eigenschaft von Widmung ist Glücklichsein, das schließlich als stiller, aber andauernder innerer Eifer immer kraftvoller wird. Der Wert des wachsamen Bezeugens liegt darin, dass sogar schon das Gewahrwerden eines egoistischen Fehlers diesen auflösen kann. Durch Übergabe und Anrufung im Gebet erleichtert GÖTTLICHER WILLE den Übergang vom Kleineren zum Größeren, da das SELBST diese Absicht mühelos unterstützt und mit Energie versieht.

Das SELBST ist wie eine magnetische Anziehungskraft, durch die der persönliche Wille in fortschreitendem Maße abgegeben und der Widerstand geschwächt wird. Somit ist der Pfad selbsterfüllend, lohnend und offenbart fortschreitende Gewinne. Jeder Schritt, einerlei, wie scheinbar klein er auch sein mag, ist gleich wertvoll.

20. August

Liebe ist die Pfeilspitze der Realität sowie das Eins-Sein und die Essenz des GEISTES. Liebe leugnen, heißt, GOTT leugnen.

21. August

Liebend-Sein ist ein Weg der Beziehung zur Welt. Es ist eine Großzügigkeit in der Haltung, die sich in scheinbar kleinen, aber kraftvollen Arten und Weisen zum Ausdruck bringt. Es ist der Wunsch, Anderen Glück zu bringen, ihre Tage zu erleuchten und ihre Last zu erleichtern. Einfach nur freundlich und voller Anerkennung jedem gegenüber, den man im Laufe des Tages trifft, zu sein, ist eine Offenbarung

22. August

Wenn unsere Haltung allem gegenüber zu Hingabe wird, offenbart sich die GÖTTLICHKEIT.

23. August

Aufgrund von Mitgefühl wächst der Wunsch, eher zu verstehen als zu verurteilen.

24. August

Ursprung von Bedauern und Verlustgefühl ist eine unrealistische Erwartung an sich selbst und andere. Nichts in der Welt der Form ist dauerhaft. Am Ende muss alles dem Willen GOTTES übergeben werden. Um dabei erfolgreich zu sein, muss man erkennen, dass GOTTES Wille nicht zum Zwecke der Erfüllung individueller Wünsche personifiziert ist. Der Wille GOTTES ist vielmehr in Wirklichkeit das karmische Muster des gesamten Universums. Sich GOTTES Willen zu unterwerfen, bedeutet, sich der Wahrheit zu unterwerfen, dass nichts als die LETZTE WIRKLICHKEIT von Dauer ist. Alles, was in die Form tritt, verschwindet wieder. Ein Verlust ist eine Gelegenheit, sich von einer Anhaftung zu befreien.

25. August

Der spirituell entwickelte Mensch, der nur wenige Wünsche oder Anhaftungen hat, ist gegenüber Kummer relativ immun, da die Quelle des Glückes als von Innen heraus erfahren wird, unabhängig von Äußerlichkeiten. Wenn die Quelle des Glückes von Ego-Mechanismen errungen wird, ist es auf Einbildung, Glaubenssystemen und programmierten Werten aufgebaut und nicht auf der ABSOLUTEN WIRKLICHKEIT selbst, welche durch Verlust nicht angreifbar ist. Objekte, Eigenschaften und Beziehungen werden durch den Mechanismus der Anhaftung und die daraus folgende Projektion von Wert überbewertet.

26. August

Es genügt, sich selbst als Diener des HERRN zu weihen und zu fragen, was SEIN Wille ist. Die Antworten zeigen sich, ohne notwendigerweise auch nur formuliert zu sein. „Spirituell" zu sein, bedeutet einfach eine Absicht.

27. August

Man muss sich daran erinnern, dass Liebe und Frieden für das Ego die größten Bedrohungen darstellen. Es verteidigt sich, indem es zu den tief verwurzelten Positionalitäten Zuflucht nimmt, die im Unbewussten verborgen liegen.

28. August

Liebe ist eine Gelegenheit, den persönlichen Willen Gott zu übergeben und sich wieder mit dem übergreifenden Zweck des Geschenkes des menschlichen Lebens in Einklang zu bringen.

29. August

Demut ist nicht nur eine Haltung, sondern eine Realität, die auf Tatsachen beruht. Mit innerlicher Ehrlichkeit muss ein Schüler [devotee] die innewohnenden Begrenzungen erkennen, die allein daraus folgen, Mensch zu sein.

30. August

Spirituelle Reinheit ist die Folge von Ehrlichkeit sich selbst gegenüber, die aus wirklicher Hingabe entsteht. Wenn man ein Diener GOTTES sein will, bringt man sich mit der GÖTTLICHEN Führung in Übereinstimmung. Diese leitet den Menschen dahin, auf das SELBST zu schauen anstatt sich um äußere Dinge für sich selbst oder die Welt zu sorgen.

31. August

Aufgrund von Hingabe bringt man sich in Übereinstimmung mit innerer Integrität, was zur Wahrhaftigkeit sich selbst gegenüber und zur Überzeugung führt, dass es nötig ist, die Versuchung vergänglicher Befriedigungen durch das starrköpfige Ego zu überschreiten.

1. September

Hingabe ist eine Herzenskraft, und manchmal kann ein Hindernis nur durch die Liebe des Herzens und des GÖTTLICHEN überschritten werden.

2. September

Was die Menschen in der Welt wirklich wollen, ist die Erkenntnis, wer sie auf der höchsten Ebene tatsächlich sind. Sie möchten sehen, dass dasselbe SELBST gleichermaßen aus dem Innersten eines jeden hervorscheint, ihre Gefühle von Getrenntheit heilt und sie in ein Gefühl von Frieden versetzt.

3. September

Frieden ist wirklich eine Wahl und eine Entscheidung, obwohl diese in unserer heutigen Gesellschaft trotz aller Rhetorik über den Begriff nicht populär sind. Die Entscheidung, die scheinbaren Ungerechtigkeiten des Lebens zu übersehen, anstatt auf sie zu reagieren, beruht auf Wahl.

4. September

Der wahre Ursprung von Freude und Glück ist die Verwirklichung der eigenen Existenz in gerade diesem Moment. Die Quelle des Vergnügens sprudelt innen, auch wenn sie manchmal durch ein äußeres Ereignis oder eine Erwerbung angestoßen wird. In jedem einzelnen Augenblick der Zeit kann so etwas wie ein Problem nicht existieren. Unglück entsteht, wenn man aus der Realität des Jetzt hinausgeht und aus Vergangenheit oder Zukunft eine Geschichte erschafft, die keine Realität hat, da beides nicht existiert.

5. September

Freude steigt aus jedem Augenblick der Existenz auf und kommt nicht aus irgendeiner äußeren Quelle.

6. September

Innerer Friede kommt aus Übergabe sowohl von Anziehungen als auch von Abneigungen. Was man als Werte wahrnimmt, sind hauptsächlich Projektionen von „Erwünschtem“ und „Nicht-Erwünschtem“. Je seltener solche „Wünsche“, desto größer die Leichtigkeit und Zufriedenheit des Lebens

9

7. September

Angst selbst schließt das Gewahrwerden der Gegenwart GOTTES aus. Nur wenn die Angst aufgegeben wurde, offenbart die Übergabe des resistenten Egos einen Frieden jenseits des Verstehens.

8. September

Kraft kommt von Integrität und der Akzeptanz von Verantwortung für die Konsequenzen der eigenen Handlungen, Wahlen und Entscheidungen. Alle Wahlen tragen Risiken in sich und wenn man so tut, als sei das nicht so, ist man nicht integer und spielt stattdessen, um zu gewinnen.

9. September

Ein Mechanismus, den das Ego benutzt, um sich selbst zu schützen, besteht darin, die schmerzbringenden Daten nicht als eigene anzusehen und sie auf die Welt und andere Menschen zu projizieren.

10. September

Wenn man sich zur inneren Ehrlichkeit verpflichtet, wird offensichtlich, dass die Antworten des Egos auf dem Vergnügen aufbauen, das es aus ihnen zieht. Es gibt eine innere Befriedigung, welche als Belohnung von Selbstmitleid, Ärger, Wut, Hass, Stolz, Schuld, Angst, usw. erlebt wird. Dieses innere Lustgefühl, so morbide es auch klingen mag, energetisiert und unterstützt all diese Emotionen. Um ihren Einfluss aufzulösen, muss man nur den festen Willen haben, vorwärts zu gehen und diese fragwürdigen, heimlichen, inneren Befriedigungen GOTT zu übergeben. Dann muss man sich für Freude und Glück nur noch an GOTT halten.

11. September

Man braucht innere Disziplin und Übergabe von Haltungen, um nicht der Versuchung zu erliegen, sich mit einer bestimmten Meinung in Bezug auf weltliche Ereignisse zu identifizieren.

12. September

Die Ereignisse in der Welt rufen Antworten auf der Grundlage des Wahrgenommenen hervor. Sie ist ein großes Theater, das zum Ausdruck von Wahrnehmungen, Illusionen und Projektionen von Positionalitäten einlädt. Man kann entweder den Fernseher ausschalten und alles meiden oder es als großartiges Lehrwerkzeug sehen.

13. September

Schutzmaßnahmen gegen gesellschaftliche Programmierungen sind: 1. eine emotionale Distanziertheit, in der alle Information als vorläufig betrachtet wird, 2. das Gewahrsein, dass gewöhnliche Mentalisierung unfähig ist, Wahrnehmung von Essenz zu unterscheiden und 3. zu wissen, dass der Wolf sich häufig unter einem Schafspelz verbirgt. Diese Glaubensaufhebung ist die praktische Anwendung des grundlegenden Ausspruchs: „Trage die Welt wie ein leichtes Gewand." „In der Welt zu sein, aber nicht von ihr", ist eine Form der Sorgfalt, die nichtsdestotrotz immer noch spontane Interaktion und das Funktionieren in der Gesellschaft erlaubt.

14. September

Es ist wenig zweckdienlich, sich selbst zu kritisieren oder sich vorzuhalten, dass man schon weiter auf dem Weg sein „sollte" als man ist. Die spirituelle Entwicklung verläuft unregelmäßig und erscheint zuweilen oft als unzusammenhängend und dann wieder rückläufig. Erkenne, dass Schuldbewusstsein eine narzisstische Schwäche ist.

15. September

Vergebung ist ein ungeheuer wichtiges Hauptwerkzeug, vor allem, wenn es mit der Bereitschaft zu Demut und der Akzeptanz menschlicher Fehlbarkeit und Irrtumsanfälligkeit gepaart ist. Vom Standpunkt spiritueller Absicht aus kann das Übergeben egoistischer Optionen als Opfer erscheinen. Wenn jedoch der neue Kontext hergestellt ist, offenbaren sie sich als verborgenes Geschenk.

16. September

Sobald man bereit ist, Liebe zu geben, folgt sehr schnell die Entdeckung, dass man von Liebe umgeben ist und nur nicht wusste, wie man auf sie zugreifen konnte. Liebe ist tatsächlich überall anwesend. Ihre Anwesenheit muss man lediglich erkennen.

17. September

Unsere Erfahrung der Welt und des Lebens ist vollständig das Ergebnis unserer inneren Glaubenssätze und Positionalitäten. Aus Liebe und Respekt für GOTT ergibt sich die Bereitschaft, alle Vorurteile zu übergeben. Wir gewinnen die Demut, die die Türen zum Glanz der Wirklichkeit öffnet, welche die Offenbarung des SELBST ist. Liebe ist der magische Katalysator, welcher das Gewahrsein hervorbringt. Am Ende wird Glaube durch Gewissheit ersetzt, und deshalb wird gesagt, dass GOTT von denen gefunden wird, die IHN suchen.

18. September

Bewusstseinsforschung bestätigt, dass Tod keine Möglichkeit darstellt. Das Leben selbst wird von seiner ewigen Quelle aufrechterhalten und kann von ihr nicht getrennt werden. Das linear Eingeschränkte und zeitlich Begrenzte kommt aufgrund dessen in die Existenz, was ewig und nicht-linear ist.

19. September

Unterhalb aller Ängste besteht die uranfängliche, instinkthafte Angst vor dem Tod selbst; deshalb kann man viel an innerer Arbeit umgehen, wenn man in seiner spirituellen Arbeit so früh wie möglich diese Angst de-energetisiert. Die Furcht vor dem physischen Tod entstammt dem tierischen Instinkt, als auch dem Narzissmus des Egos, welches in sich selbst verliebt ist. Der Tod impliziert ein Ende des Erfahrens, und Erfahrung ist gleichgestellt mit dem Leben; daher klammert das Ego sich an das, was linear und vertraut ist.

20. September

Die Anwesenheit GOTTES als Liebe offenbart sich selbst, sobald die Dualität von Wahrnehmung als Folge der Übergabe aller Positionalitäten endet. Liebe ist sonach der Durchgang zwischen den linearen und den nicht-linearen Bereichen. Sie ist die breite Straße zur Entdeckung GOTTES.

21. September

Wenn man das Gefühl von Glücklichsein betrachtet, wird klar, dass es sich in Wirklichkeit im Innern befindet. Obgleich der Anstoß dafür scheinbar von außen kommen mag, ist die Empfindung jedoch ein vollständig inneres Gefühl des Vergnügens. Die Quelle von Freude ist somit in Wirklichkeit innen und öffnet sich unter günstigen Umständen, wenn der Verstand einen erwünschten Erfolg erfährt. Durch innere Überprüfung wird man entdecken, dass das Ereignis lediglich eine innere eingeborene Fähigkeit zum Schwingen bringt. Aus dieser Erkenntnis, dass sich die Quelle des Glückes in Wirklichkeit in unserem Inneren selbst befindet und deshalb gar nicht verloren gehen kann, folgt eine Verminderung der Angst.

22. September

Liebe *für* GOTT aktiviert durch Gebet und Verehrung die Liebe *von* GOTT.

23. September

Was die Welt als Unkraut missdeutet, ist von gleicher Schönheit wie jede Blume. Der Entwurf als lebende Skulptur der gesamten Natur ist für alles gleichwertig, ohne Klassifizierung, und man erkennt, dass alles denselben Verdienst oder Wert hat. Alles ist Ausdruck von GÖTTLICHKEIT als Schöpfung – alles ist gleichermaßen heilig und geheiligt.

24. September

Für den spirituellen Aspiranten sind Wünsche und Verhaftungen Abschreckungsmittel auf dem Weg zum Fortschritt. Wenn sie auftauchen, kann das, was sie symbolisieren, GOTT übergeben werden.

25. September

Die Illusion, die Wunsch und Begierde antreibt, besteht darin, dass das begehrte Objekt mit einer übertriebenen Wichtigkeit und Bedeutsamkeit versehen wurde. Daraus resultiert dann eine ebenso aufgeblasene Werthaltigkeit und Anziehung. Wenn man das erwünschte Objekt dann bekommen hat, verliert es seine magische Aura und das verführerische Bild wird jetzt auf das nächste Wunschobjekt projiziert.

26. September

Die Entdeckung der Gegenwart GOTTES geschieht nicht aufgrund von Furcht, sondern durch die Ergebenheit [surrender], die durch die Furcht herbeigeführt wurde.

27. September

Anhaftung nennt man den Prozess, durch den bei Verlust Leiden auftritt, einerlei, an wen oder was man sich „gehängt" hat. Das kann etwas Inneres oder Äußeres, ein Objekt, eine Beziehung, eine soziale Eigenschaft oder Aspekte des physischen Lebens sein. Das Ego hält sich durch ein ausgeklügeltes Netzwerk von Werten, Glaubenssystemen und Programmen am Leben. Daraus entstehen Bedürfnisse, die immer mehr Energie erfordern, je mehr sie ausgeschmückt und verfeinert werden, manchmal bis hin zur Fixierung.

Die Quelle des Schmerzes ist nicht das Glaubenssystem selbst, sondern die Anhaftung daran und die Aufblähung seines eingebildeten Wertes. Die innere Bearbeitung von Anhaftungen hängt von der Übung des Willens ab, der allein die Kraft hat, den Mechanismus von Anhaftung durch den Prozess der Übergabe unschädlich zu machen. Das mag subjektiv als Opfer erfahren oder im Kontext eines Opfers erlebt werden, obwohl es in Wirklichkeit eine Befreiung darstellt. Der gefühlsmäßige Schmerz des Verlustes folgt aus der Anhaftung selbst und nicht aus dem „Etwas", das man verloren hat.

28. September

Die Welt und alles in ihr ist vergänglich. Deshalb bringt es Leiden, wenn man sich an sie klammert.

29. September

Versuchungen, Verführung, Wünsche und Verlockungen sind allesamt Projektionen, die etwas mit Anschein und Vorstellungen zu tun haben. Sie hängen mit den programmierten Fantasien über Gewinn zusammen. Befriedigung projizierter Werte bringt eine Welt der Illusion hervor.

30. September

Bedeutung wird definiert durch Kontext, der das Motiv festlegt. Und es ist das Motiv, das den spirituellen Wert erbringt. Wer seine Handlungen als Dienst der Liebe am Leben widmet, heiligt sie und transformiert sie von Ichbezogenheit in selbstlose Geschenke. Wir definieren dasjenige als hervorragend, was den höchsten Maßstäben entsprechend gewidmet ist.

So kann jede Handlung als eine Gelegenheit genommen werden, allein durch die Reinheit des Strebens GOTT zu verherrlichen. Alle physischen Aufgaben und Arbeiten können in den Beitrag eines Menschen für die Welt einbezogen werden. Selbst die kleinste Aufgabe kann man als Dienst am gemeinsamen Guten betrachten, und jede Tätigkeit wird geadelt, wenn sie in diesem Licht gesehen wird.

1. Oktober

Konflikt existiert im Verstand des Beobachters und nicht in dem, was beobachtet wird.

2. Oktober

Das Leben kann entweder Freude oder Enttäuschung bringen, je nachdem, in welchen Kontext es gestellt ist. Missgunst kann durch Großzügigkeit ersetzt werden. Wenn andere von jemandes Anstrengungen profitieren – um so besser. Jeder hat die Möglichkeit, durch Güte und Freundlichkeit anderen gegenüber zu Harmonie und Schönheit beizutragen, und dadurch den menschlichen GEIST zu unterstützen. Was immer dem Leben frei gegeben wird, fließt zu uns zurück, weil wir genauso Teil dieses Lebens sind. Wie Wellen auf dem Wasser, kehrt jedes Geschenk zu seinem Geber zurück. Was wir in anderen Menschen bekräftigen, bekräftigen wir tatsächlich in uns selbst.

3. Oktober

Bedenke, dass Loyalität nur GOTT, unserer Beziehung zu GOTT, sowie Reinheit und Heiligkeit zusteht. Keine Organisation wird von GOTT bevorzugt, und alle Organisationen beruhen als solche auf den Vorgaben und Illusionen des Egos.

4. Oktober

Es muss betont werden, dass das, was wirklich heilig ist und zu GOTT gehört, nur Frieden und Liebe bringt.

5. Oktober

Wenn der Wunsch auftaucht, alle Hindernisse der Liebe und GOTT zu überantworten, dann ist GOTT schon in der Form von Bereitschaft anwesend. Wenn man Hingabe erreicht, gibt es bereits eine sehr weit fortgeschrittene An-Wesenheit, die das Ego auflöst und den Weg erhellt. Spiritueller Fortschritt und Erkenntnis werden von Freude begleitet, die eine Ausstrahlung des SELBSTES ist und ganz schnell die aufgegebenen Positionalitäten des Egos ersetzt. Spirituelle Inspiration wird mit jedem Schritt entlang des Weges immer intensiver. Wenn das Selbst aufhört, nach der Welt oder dem Ego zu schauen, entdeckt es, dass seine Quelle immer schon das hohe SELBST war.

6. Oktober

Die Beschränkungen von Liebe haben mit wahrgenommenen Eigenschaften und Unterschieden zu tun. Durch innere Ehrlichkeit sich selbst gegenüber und ernsthafte Untersuchung offenbaren sich diese Bereiche von Begrenzungen üblicherweise als Reste von Urteilen oder als Auswirkungen früherer Erfahrung. Ein Schlüssel dazu, Liebe bedingungslos zu machen, liegt in der Bereitschaft, zu vergeben und frühere Vorbehalte, Erfahrungen und Einschätzungen von Menschen als nicht liebenswürdig aufzugeben.

7. Oktober

Der narzisstische Kern des Egos selbst, der heimlich Souveränität und Urheberschaft der eigenen Existenz, sowie aller Entscheidungen und Handlungen beansprucht, ist der Ursprung allen Widerstands gegen jegliches spirituelle Bestreben. Auch wenn man sich also nach Kräften bemüht, brechen immer wieder die Eigenwilligkeit und das Verlangen nach Gewinn oder Kontrolle durch.

Dieses Muster kann einfach dadurch verringert werden, dass man akzeptiert, dass es für das Ego natürlich ist, eitel, gierig, hasserfüllt, stolzerfüllt, nachtragend, neidisch und dergleichen mehr zu sein. All dies hat sich im Verlauf seiner evolutionären Entstehung über die Äonen der Zeit hinweg an das Ego angelagert. Daher ist es nicht erforderlich, sich schuldig zu fühlen, da man, im Übergang vom Eigeninteresse [self-interest] hin zum SELBST-Interesse, aus diesen primitiven Emotionen lediglich herauswächst und diese ablegt.

8. Oktober

Was übergeben werden muss, sind nicht die Objekte der Wünsche, sondern das Verhalten des Wünschens und die Neigung, dessen Objekte mit einem magisch aufgeblähten Wert zu versehen.

9. Oktober

Man braucht nur von der Verehrung der Welt zur Verehrung GOTTES und des GEISTES hinüber zu wechseln.

10. Oktober

So wie Materie und Energie, kann auch das Leben nicht zerstört werden, sondern nur seine Form ändern. Somit ist der Tod lediglich das Verlassen des Körpers. Das Identitätserleben ist jedoch ungebrochen. Die Beschaffenheit von „mir" (Selbst) ist konstant und setzt sich, nachdem es von der physischen Expiration scheidet, fort, sprich, es muss ein „wer" sein, der zum Himmel oder anderen Reichen weitergeht oder wählt, sich erneut zu reinkarnieren.

11. Oktober

Übermäßige Wünsche schaffen die Illusion von Mangel, ebenso wie scheinbare Geldprobleme dadurch hervorgerufen werden, dass man das Geld schneller ausgibt, als es hereinkommt.

12. Oktober

Die wesentlichen grundlegenden Prinzipien für spirituelle Bemühungen sind immer noch diejenigen, die durch alle Zeit hindurch hochgehalten wurden: Hingabe, Demut, Kraft, Bereitschaft zur Übergabe, sowie Vertrauen und Glauben an GOTT. Diese Eigenschaften werden durch Widmung, Gebet, sowie die Anrufung und Anwendung der GNADE GOTTES in einem Akt des spirituellen Willens verstärkt. ... Diese werden durch Absicht intensiviert, was dazu führt, dass man sich in Übereinstimmung mit diesen Prinzipien bringt und sie wirksam in sein Leben einbaut. Hingabe ist eine Folge von Zustimmung des Willens. Vollständige und totale Übergabe an GOTT kann den Prozess von jedem Punkt auf dem Pfad zur Vollendung führen.

13. Oktober

Richtet man sein Leben auf die spirituelle Intention aus, erweitert sich dessen Sinn und Bedeutsamkeit. Während die Lebensspanne des Ego-Körper-Verstandes begrenzt und zeitweilig ist, ist das GEISTIGE Leben ewig, weswegen seine Größe die vorübergehenden Vorteile der Egobefriedigung überstrahlt. Demzufolge wird das Geringere zugunsten des Größeren hingegeben, indem man sich ausrichtet, engagiert und zustimmt. Da dies frei gewählt wird, statt aufgezwungen zu sein, lässt der Widerstand nach.

14. Oktober

Wenn wir uns der Entdeckung der Quelle für die Hartnäckigkeit des Egos nähern, machen wir mit Erstaunen die wichtige Feststellung, dass *wir in uns selbst verliebt sind.*

15. Oktober

Das Ego klammert sich an Emotionalität, welche ganz eng mit seinen Positionalitäten verbunden ist. Es tut so, als dächte es, es habe keine andere Wahl. Sich „GOTT zu übergeben", bedeutet, damit aufzuhören, beim Ego nach Trost und Nervenkitzel zu suchen und stattdessen die unendliche, heiter gelassene Freude des Friedens zu entdecken. Nach innen zu schauen bedeutet, den allem unterliegenden, stets gegenwärtigen Quell der Erleuchtung des Geistes/Gemütes [mind] zu finden.

16. Oktober

Da die wahre Quelle von Glückseligkeit von innen her kommt, kann ein Wunsch oder eine Begierde nicht befriedigt werden, da diese eine dauernde Projektion von Besonderheit auf das Äußerliche darstellen und somit die Verfolgung eines Fantasiegebildes. Wenn ein Wunsch erfüllt und befriedigt ist, bewegt sich die Aufmerksamkeit sofort weiter zum nächsten Wunschobjekt in einer endlosen Folge, wie die Karotte am Stock.

17. Oktober

Das gemeinsame Element der meisten Ängste ist, dass sie auf der Illusion beruhen, Glücklichsein sei von Äußerlichkeiten abhängig und demnach verletzlich. Sobald man die Illusion solcher Verletzbarkeit überwunden hat, tritt eine große Erleichterung ein. Man wird nicht länger von Angst gesteuert. Das Leben wird wohlwollend und füllt sich mit Zufriedenheit und einer leichten vertrauensvollen Haltung, welche an die Stelle der früheren, ständig angespannten Wachsamkeit tritt.

18. Oktober

Um Scham aufzulösen, ist die Erkenntnis hilfreich, dass sie auf Stolz beruht. Der Statusverlust schmerzt bis zu dem Grad, zu dem sich das Ego auf Stolz als Stütze seiner Selbstachtung bezieht. Ohne narzisstischen Stolz würde ein Fehler oder eine negative Rückmeldung nur als bedauerlich erfahren und menschlicher Schwäche und Fehlbarkeit zugeschrieben werden. Fehler helfen einem, demütig zu bleiben.

19. Oktober

Alle Formen von Verlust stellen eine Konfrontation mit dem Ego und seinen Überlebensmechanismen dar. Alle Aspekte des menschlichen Lebens sind vorübergehend. Daher bringt die Anklammerung an irgendeinen Aspekt auf jeden Fall am Ende Kummer und Verlust. Jeder Vorfall ist aber eine Gelegenheit, im Inneren nach der Lebensquelle zu suchen, die ewig vorhanden, unwandelbar und weder dem Verlust noch der Zerstörung durch die Zeit unterworfen ist.

20. Oktober

Das Loslassen von Schuldbewusstsein und größeres Mitgefühl mit sich selbst und anderen tauchen dann auf, wenn man erkennt, dass der einzelne Mensch die Struktur seines Egos nicht willentlich erschaffen hat. Die Beschaffenheit des Menschen ist in erster Linie eine karmische Gegebenheit. Sie kann als solche voller Mitgefühl und ohne Verurteilung angenommen werden und ist weder gut noch schlecht. Die Menschheit lebt im Spannungsbereich zwischen emotionalen Instinkten und der Kraft spirituellen Erwachens, welche die andere Waagschale füllt (das ist der „Tier/Engel-Konflikt").

21. Oktober

Es gibt keinen Hinweis aus irgendeiner Quelle höherer Wahrheit, dass GOTT durch Schuld beeinflusst oder besänftigt würde. Die großen Weisen der Geschichte sprechen nicht von Schuld, sondern beziehen sich stattdessen auf „Sünde“, die sie der Unwissenheit zuschreiben.

22. Oktober

In der Wirklichkeit der Nicht-Dualität gibt es weder Privilegien noch Gewinn, noch Verlust, noch Rang. So wie ein Korken im Wasser, steigt oder fällt der GEIST im Meer des Bewusstseins zu der ihm gemäßen Ebene, aufgrund seiner eigenen, selbst getroffenen Entscheidungen und nicht durch irgendeine äußere Macht oder Gunst. Manche fühlen sich vom Licht angezogen, und manche suchen die Dunkelheit, aber all das vollzieht sich aufgrund der eigenen Natur kraft GÖTTLICHER Freiheit und Gleichheit.

23. Oktober

Es gibt in der gewöhnlichen menschlichen Erfahrung absolut nichts, was sich mit der Freude an der Gegenwart der Liebe Gottes vergleichen ließe. Kein Opfer ist zu groß und keine Anstrengung zu hart, um diese An-Wesenheit zu realisieren.

24. Oktober

Um die Natur Gottes zu verstehen, muss man lediglich die Natur von Liebe selbst erkennen. Liebe wirklich zu erkennen, bedeutet, Gott zu erkennen und zu verstehen. Und Gott zu erkennen, bedeutet, Liebe zu verstehen.

25. Oktober

Die Erkenntnis, dass das SELBST der Kontext ist und demgegenüber das niedere Selbst den Inhalt bildet, ist bereits ein großer Sprung nach vorn. Der naive Sucher beschäftigt sich dauernd damit, den Inhalt neu zu mischen.

26. Oktober

Das SELBST ist wie jemandes innere Großmutter, die über das Kind wacht und aufpasst, dass es nicht vergisst, seinen Regenmantel mitzunehmen oder die Miete zu bezahlen. GOTT ist nicht bedrohlich, sondern liebend. Ängste erwachsen aus Einbildung.

27. Oktober

Die innewohnenden Eigenschaften des GÖTTLICHEN sind Barmherzigkeit und Mitgefühl. Man braucht nicht um Vergünstigungen zu ersuchen. Es ist nur erforderlich, das anzunehmen, was bereits als gegeben existiert.

28. Oktober

Man wandelt sein Leben und seine Bestrebungen in Geschenke, indem man sie mit Liebe, Hingabe und selbstlosem Dienst heiligt. Das ist der Weg des Herzens zu GOTT. Auf diese Art wird das häusliche Leben zu einer Form der Verehrung und Quelle von Freude für Alle. Wenn wir uns bemühen, andere zu erheben, werden wir selbst durch diesen Prozess erhoben. Geben trägt somit seine Belohnung in sich, denn es gibt in Wirklichkeit keinen „anderen“, dem irgendetwas gegeben wird. Jeder gütige Gedanke oder jedes Lächeln ist somit spirituell und nützt sowohl einem selbst als auch der Welt.

29. Oktober

Spirituelle Hingabe ist ein ununterbrochener innerer Lebensprozess, der dauerndes, wachsames Gewahrsein verkörpert. Äußere Ereignisse sind vorübergehend, während die inneren Eigenschaften des Bewusstseins beständiger sind. Innere Arbeit ist ein andauernder Lernprozess. Dabei gibt es Freude und Befriedigung durch Entdeckungen und dem Entfalten der Einsicht.

30. Oktober

Die Angst hört ganz auf, sobald man gelernt hat, dass sich der Ursprung von Glück und Freude im Inneren befindet. Dann hat man erkannt, dass diese Quelle im Glück der eigenen Existenz liegt, welche immer fortbesteht und von keinerlei Äußerlichkeiten abhängt. Dies ist das Ergebnis der Übergabe von Erwartungen und Anforderungen an sich selbst, die Welt und andere. Der Gedanke *„Ich kann nur glücklich werden, wenn ich gewinne oder bekomme, was ich will“* ist eine Garantie für Sorge, Furcht und Unglücklichsein.

31. Oktober

Ängste werden durch die anmutige Akzeptanz der dem menschlichen Wesen innewohnenden Gegebenheiten ausgelöscht. Solche Annahme bringt die tröstliche Erkenntnis zum Bewusstsein, dass die Unannehmlichkeiten, die man selbst erlebt, auch von allen anderen Menschen geteilt werden. Daraus ergibt sich ein heilendes Mitgefühl gegenüber allem Leben. Liebe zu leben, beendet die Furcht vor dem Verlust von Liebe, weil Liebend-Sein stets Liebe erzeugt, wo immer es sich zeigt.

1. November

Alles, was wirklich von GOTT kommt, bringt Frieden, Harmonie und Liebe und ist frei von jeder Form von Negativität. Eine spirituell bewusste Person erkennt, dass sie die Botschaft nur mittragen kann, weil die innere Wahrheit selbst der Lehrer ist.

2. November

Das GÖTTLICHE kennt die Seinen. Diese Weisheit zu akzeptieren, bedeutet bereits, Freude zu fühlen. Wenn man keine Freude erfährt, indem man dieses versteht, heißt das, dass ein Widerstand vorhanden ist.

3. November

Erleuchtung ist kein Zustand, den man erreichen könnte. Es ist lediglich eine Gewissheit, der man sich ergibt, da das SELBST bereits die REALITÄT für einen ist. Es ist dieses SELBST, welches einen zu spiritueller Information hinzieht.

4. November

In Wirklichkeit gibt es keine Ereignisse, keinen Anfang und kein Ende. Der Hintergrund ist still, schweigend und wird durch den Film nicht gestört. Unsere Wirklichkeit ist der Kontext und nicht der Inhalt. Das Eins-Sein allen Lebens erscheint der Wahrnehmung als vielgestaltig. Das, was die Erscheinungen der Welt wirklich erscheinen lässt, ist die Projektion der Strahlung des SELBST. Der Film selbst hat nicht die innewohnende Realität, wie sie wahrgenommen wird. Der tatsächliche Ort des Gefühls von Wirklichkeit liegt vollkommen im Bewusstsein als Subjektivität. Selbst, wenn es so etwas gäbe wie eine unabhängige, objektive Wirklichkeit, wäre sie doch nur aufgrund unserer eigenen, inneren Subjektivität erkennbar.

5. November

Die radikale WIRKLICHKEIT besagt: Die Essenz von irgendetwas zu erkennen, heißt GOTT kennen.

6. November

Vollständige Überantwortung an GOTT entschleiert die Wahrheit. Nichts ist verborgen, nur das Ego ist blind. Die Realität liegt nur knapp außerhalb des Verstandes. Aus Angst, zu nichts zu werden, leugnet das Bewusstsein seine einzige Wirklichkeit: dass es alles ist – das unendliche, immerwährende All-Sein, aus dem Existenz selbst hervorgeht.

7. November

Verwirklichung ist kein „Gewinn" oder etwas, das man erreicht hätte, und auch nicht etwas „Gegebenes" als Belohnung für Gutsein. Das sind alles Begriffe aus der Kindheit. GOTT ist unveränderlich und kann nicht manipuliert werden. Man kann ihn auch nicht durch Verhandeln und Lobhudeleien verführen. Verehrung nützt dem Verehrenden durch Verstärkung seiner Hingabe und Inspiration. GOTT ist still, schweigend und unbewegt.

8. November

Erkenne: Wenn Du etwas *bist*, gibt es nichts darüber zu verstehen. Realität ist das Endgültige in Einfachheit.

9. November

Die Entwicklung eines spirituellen Egos kann durch die Erkenntnis vermieden werden, dass spiritueller Fortschritt das Ergebnis von GOTTES GNADE und nicht dasjenige irgendwelcher persönlicher Bemühungen ist.

10. November

Das Ego scheint oft Stück für Stück zusammenzubrechen. Wenn einmal der Glaube an die Wirklichkeit des Egos als das wahre Selbst unterminiert wurde, hat seine Auflösung schon begonnen. Wenn man dann seine Loyalität und Zuwendung vom Ego auf die ultimative Wirklichkeit GOTTES verlagert, ist ein Raum erschaffen. In diese Öffnung hinein fließt GOTTES GNADE, die durch den HEILIGEN GEIST repräsentiert wird.

11. November

Es ist gut, sich zu allen Zeiten daran zu erinnern, dass das Ego/der Verstand nicht die Welt selbst erfährt, sondern nur die eigene Wahrnehmung davon.

12. November

Das Ego zieht ein grimmiges Vergnügen und Genugtuung aus Leiden und all den unredlichen Ebenen von Stolz, Ärger, Wunsch, Schuld, Scham und Trauer. Der heimliche Lustgewinn von Leiden macht süchtig. Viele Menschen widmen dem ihr ganzes Leben und ermutigen andere, ihnen zu folgen. Um diesen Mechanismus zu beenden, muss das Glücksgefühl, das daraus folgt, identifiziert und GOTT willentlich übergeben werden. Aus Scham blockiert das Ego bewusstes Gewahrwerden seiner Machenschaften, besonders der Heimlichkeit des Spiels vom „Opfer".

13. November

Wir verändern die Welt nicht durch das, was wir sagen oder tun, sondern als Folge davon, was wir geworden sind. Dadurch dient jeder spirituell Strebende der Welt.

14. November

Der Weg aus dem Problem heraus führt nicht über den Versuch, das Negative zu eliminieren, sondern über Wahl und Entscheidung für das Positive. Die Erkenntnis, dass unsere Lebensaufgabe darin besteht, zu verstehen anstatt zu verurteilen, löst automatisch moralisches Dilemma auf.

15. November

Jeder ist dem Leben in seiner Ausdrucksform als Natur ausgesetzt und ebenso auch der menschlichen Interaktion, die Gesellschaft genannt wird. Diese Interaktion ist unpersönlich, und die Wechselfälle des Lebens sind unentrinnbar und unvermeidlich. Das kann herausfordernd oder deprimierend sein, was einzig vom Standpunkt des Individuums abhängt.

Ohne Positionalitäten erlebt man das Leben als heiter und interessant. Diese Betrachtungsweise unterstützt Wachstum und, hoffentlich, Weisheit und nicht Selbstmitleid und Bitterkeit. Jeder ist frei, seine Wahl zu treffen. Der Regen bestimmt nicht, ob jemand glücklich oder enttäuscht ist. Das Übergeben des eigenen Willens und aller Positionalitäten bringt Frieden in allen Umständen.

16. November

Sich bemühen, spirituell vorwärts zu kommen, ist das größte Geschenk, das jemand geben kann. Das erhebt die gesamte Menschheit tatsächlich von innen heraus durch die Natur der Kraft selbst. Kraft strahlt aus und teilt sich mit, während Macht begrenzt, selbstzerstörerisch und verschwindend kleinlich ist. Die gesamte Gesellschaft wird unterbewusst und auf feinstofflicher Ebene von jedem gütigen und liebevollen Gedanken, Wort, oder jeder solchen Tat beeinflusst. Jedes Verzeihen bringt Nutzen für jedermann. Das Universum behält und bewahrt jede Handlung und gibt sie genauso zurück. Karma ist tatsächlich die Natur des Universums selbst wegen seiner innewohnenden Struktur und Funktion. Im Universum wird die Zeit nach Äonen gemessen. Darüber hinaus existiert sie überhaupt nicht. Jede Ausdrucksform von Güte bleibt deshalb für immer bestehen.

17. November

Dieser Prozess der Spiritualität, in dem man sich durch seine Hindernisse hindurchkämpft, kann zu Zeiten schmerzhaft erscheinen, aber das ist nur vorübergehend. Die Fehler kommen jetzt wieder zum Vorschein, sind aber lösbar und können in einen neuen Kontext von höherem Verständnis eingebettet werden. Dieser Prozess wird abgekürzt und weniger schmerzhaft, wenn man erkennt, dass die gewöhnlichen Antworten nicht wirklich persönlich sind, sondern Teile und Pakete des Erbes, ein Mensch zu sein.

18. November

Der Ursprung für die Freude an spiritueller Bemühung liegt in der Arbeit selbst und hängt nicht von irgendwelchen Ergebnissen oder der Erreichung von Zielen ab. Jeder Schritt voran hat inneres Entzücken. So gibt es z.B. ein inneres Vergnügen, das Fortschritt begleitet. Wenn man Groll durch friedvolle Annahme ersetzt, hat das seinen Lohn in sich. Es gibt eine fortschreitende Veränderung der Art, wie man sich selbst und andere betrachtet. Wenn das geschieht, kann man seine eigene Lebensgeschichte aus einer mitfühlenderen Perspektive neu interpretieren.

19. November

Die Psyche des Durchschnittsmenschen wird durch die vielen Schichten programmierter Glaubenssysteme, derer sie sich nicht bewusst ist, überwältigt. Aufgrund von Naivität und dem Glauben an das Prinzip von Kausalität werden die angeblichen Ursachen und ihre Lösungen „dort draußen" gesucht. Mit Reife und Weisheit der Spiritualität wird die Suche nach innen gerichtet, wo die Quelle und Lösung am Ende entdeckt werden.

20. November

Um sein Leben spirituell zu gestalten, braucht man lediglich sein Motiv zu verschieben. Sich ständig seines jeweils aktuellen Motivs gewahr zu sein, bringt mit der Zeit eine Positionalität und Gegensatzpaare wie beispielsweise Gewinn versus Dienen oder Liebe versus Geiz hervor. Diese werden dann sichtbar und der spirituellen Bearbeitung zugänglich, weil man sich ihrer jetzt bewusst ist.

21. November

Die spirituelle Wirklichkeit ist eine größere Quelle von Vergnügen und Freude, als die Welt bieten kann. Sie ist endlos und steht immer in der Gegenwart zur Verfügung, statt erst in der Zukunft. Sie ist tatsächlich auch viel aufregender, denn man lernt, auf dem Gipfel des gegenwärtigen Augenblicks zu leben, anstatt auf dem Rücken der Welle, was die Vergangenheit ist, oder vor der Welle, was die Zukunft ist. Es liegt eine größere Freiheit im Leben auf des Messers Schneide des jeweiligen Augenblickes, als ein Gefangener der Vergangenheit oder von Erwartungen für die Zukunft zu sein.

22. November

Wenn das Ziel des Lebens darin besteht, in jedem sich entfaltenden Augenblick der Existenz das Beste zu tun, das man jeweils tun kann, dann ist man durch spirituelle Arbeit bereits der Hauptursache des Leidens entkommen. Im punktuellen Rahmen radikaler Gegenwart gibt es keine Lebensgeschichte, auf die man reagiert oder die man bearbeiten müsste. Mit dieser „Eins-Gerichtetheit" [one-pointedness] des Verstandes wird schnell offenbar, dass alles einfach „ist, wie es ist", ohne Kommentar oder Adjektive.

23. November

Es gibt keinen Fahrplan oder vorgeschriebenen Pfad zu Gott. Obwohl die Route für jeden Menschen einzigartig ist, ist doch das Terrain, das abgearbeitet werden muss, allen relativ gemein. Die Arbeit besteht darin, die gewöhnlichen menschlichen Fehler, welche der Struktur des menschlichen Egos innewohnen, zu überwinden und darüber hinaus zu gehen. Man könnte daran denken, dass diese persönlich sind, aber das Ego selbst ist nicht persönlich. Wir haben es zusammen mit unserer Menschwerdung geerbt. Einzelheiten unterscheiden sich auf der Grundlage vergangenen Karmas.

24. November

Wenn der Verstand aufhört, zu plappern, ist man gewahr, dass man Leben *ist.* Man ist ganz darin eingetaucht und befindet sich nicht nur an der Oberfläche, um darüber zu reden. Paradoxerweise ermöglicht das volle Teilnahme. Mit der Verminderung der Ichsucht reißen einen die Freude der Freiheit und der reine Fluss des Lebens in totale Hingabe [surrender] hinein. Dann hört man auf, auf das Leben zu reagieren und kann es in heiterer Gelassenheit genießen.

25. November

Wir ehren das, was wir sowohl in Anderen als auch in uns selbst wertschätzen. Hieraus ergibt sich, dass man seine eigene Menschlichkeit und die der anderen achtet. Schließlich ehrt man alles Leben in all seinen Ausdrucksformen, indem man sich dem WILLEN GOTTES hingibt. Wenn man das Ego übergibt, wird dem GEIST [spirit] die Heiligkeit der Existenz gewahr.

26. November

Spirituelle Entwicklung vollzieht sich als das Ergebnis der Beseitigung von Hindernissen und nicht durch Aneignung von etwas Neuem. Hingabe ermöglicht das Übergeben von Eitelkeiten des Verstandes und lieb gewonnenen Illusionen, so dass er nach und nach immer freier und offener für das Licht der WAHRHEIT wird.

27. November

Nur ein einziger Augenblick in einem sehr hohen Zustand kann die Lebensorientierung eines Menschen, seine Ziele und Werte vollständig verändern. Man kann sagen, dass er der Mensch, der er war, nun nicht mehr ist und dass aus dieser Erfahrung eine neue Persönlichkeit geboren wurde. Hart erarbeitetes Voranschreiten auf einem spirituellen Pfad, dem man sich hingibt – dies ist im Kern die Wirkungsweise spiritueller Entwicklung.

28. November

Erfahrungsgemäß ist Schuld so lange eine wirkende „Realität“, bis der Unterbau des Egos ausgeräumt ist. Spirituelle Sucher sind anfällig, manchmal sehr kritisch von ihrer neu erworbenen spirituellen Position aus auf ihre früheren Handlungen zurück zu schauen. Alle Selbstbetrachtung sollte jedoch mit Mitgefühl geschehen, indem man berücksichtigt, dass frühere Irrtümer innerhalb eines anderen Kontextes entstanden. Die beste Lösung von Schuld besteht darin, sich erneut GOTT und seinen Mitmenschen zu weihen, sowie sich und anderen Verzeihung entgegenzubringen.

29. November

Sich in Schuldgefühl zu suhlen nährt das Ego und ist eine Schwäche. Somit braucht es die Bereitschaft, das zu übergeben.

30. November

Da sich die Evolution in Abstufungen ausdrückt, werden einige Leute auf der Straße weiter vorne sein als andere. Wenn wir diese einfache Tatsache erkennen, ersetzen Vergebung und Mitgefühl Ärger, Angst, Hass oder Verurteilung. Die Bereitschaft, anderen zu vergeben, spiegelt sich wider in unserer Fähigkeit, uns selbst zu vergeben und uns anzunehmen.

1. Dezember

F: *Was ist ein praktikables Ziel?*

A: Spirituelle Wahrheit experimentell auf ihren Wahrheitsgehalt testen und zu dieser Wahrheit „werden", statt sich nur an sie anzupassen. Es ist ein Prozess, in dem sich Entdeckungen entfalten und der zu größerem Glücklichsein und Minderung von Angst, Schuld und anderen negativen Emotionen führt. Das Motiv ist innere Entwicklung, Evolution und das Ausleben von Potenzialen. Dies alles ist von der äußeren Welt unabhängig. Das Leben schreitet nun voran, statt sich nur immer wieder zu wiederholen. Jede Erfahrung ist gleichermaßen wertvoll und bringt innerliches Vergnügen, so dass das Leben aufhört, eine endlose Folge von sich abwechselnden angenehmen und unangenehmen Erfahrungen zu sein. Im Zuge des inneren Fortschritts dehnt sich der Kontext aus, und man entwickelt ein größeres Gewahrsein von Bedeutsamkeit und Sinn und damit Erfüllung von Möglichkeiten.

2. Dezember

Das menschliche Leben bietet ein Höchstmaß an Gelegenheiten, sich spirituell weiterzuentwickeln. Dessen ungeachtet betrachtet die Wahrnehmung sowohl persönliche als auch gesellschaftliche, politische und ideelle Konflikte als Hindernis für Frieden und Glück, wohingegen das spirituelle SELBST genau in derselben Welt Vollkommenheit sieht.

3. Dezember

Indem man die Erfolge des Egos ablehnt und diese übergibt, verringert sich sein Griff auf die Psyche. Spirituelle Erfahrung schreitet fort, während die Rückstände des Zweifels zunehmend losgelassen werden. Als Folge davon wird der Glaube von dem auf Erfahrung beruhenden Wissen ersetzt. Die Tiefe und Intensität von Hingabe nimmt zu und kann eventuell alle anderen weltlichen Aktivitäten und Interessen ersetzen und in den Hintergrund drängen.

4. Dezember

Der grundlegende Zweck der spirituellen Arbeit und Widmung ist, die innewohnenden entwicklungsmäßigen Einschränkungen des Egos zu überwinden und auf diesem Weg die aufkeimende Fähigkeit des Bewusstseins an sich abzurufen und zu entwickeln, welche alle Einschränkungen des Ego-Selbstes umgeht. Die Wahrheit zeigt sich sodann durch GÖTTLICHE GNADE. Die GÖTTLICHKEIT offenbart sich jenen, die sie herbeirufen, wenn GOTT die Zeit für reif hält. Auch wenn das Tempo der geistigen Entwicklung langsam erscheinen mag, ist das spirituelle Bemühen niemals vergeblich. Fortschritte können ganz plötzlich auftreten und in ihrer Dimension und Auswirkung sehr bedeutend sein.

5. Dezember

Spirituelle Weiterentwicklung ist eine lebenslängliche Verpflichtung und eine Lebensweise, welche die Welt und alle Erfahrungen der geistigen Intention unterordnet. Es gibt keine stärkere Berufung, als sich zu entscheiden, ein Diener GOTTES zu sein. Beim spirituellen Wachstum ist jeder Schritt gleichbedeutend, da es sinnentsprechend schon genügt, einen einzigen Ziegelstein zu entfernen, um eine ganze Wand einstürzen zu lassen. Und das anscheinend Unmögliche wird möglich.

6. Dezember

Wähle, umgänglich, gütig, vergebend, mitfühlend und bedingungslos liebend gegenüber allem Leben in all seinen Ausdrucksformen ohne Ausnahme, Dich selbst eingeschlossen, zu sein. Konzentriere Dich auf selbstloses Dienen und gib allen Geschöpfen Deine Liebe, Deine Wertschätzung und Deinen Respekt.

7. Dezember

Wert ist vom Standpunkt des Egos aus ein emotionalisierter Gedanke, und die WIRKLICHKEIT braucht solche Gedanken nicht. Durch Demut kann man auf integere Weise feststellen und bezeugen, dass alles einfach „so ist, wie es ist", unabhängig von darauf projiziertem Wert. Seine innere Werthaltigkeit besteht darin, dass es „ist", d.h. Existenz ist in sich selbst vollständig und bedarf keiner zusätzlichen Heraushebung als „besonders". Wenn die GÖTTLICHE ESSENZ ALLER SCHÖPFUNG ohne Behinderung hervorstrahlt, dann verstummt das Ego/der Geist/das Gemüt in Ehrfurcht.

8. Dezember

WIRKLICHKEIT bedarf keiner Zustimmung. WIRKLICHKEIT ist keine Errungenschaft, sondern stattdessen eine völlig spontane, subjektive Realisierung, wenn die Positionalitäten des dualistischen Egos übergeben wurden.

9. Dezember

Erkenne an, dass jeder Schritt vorwärts jedermann Nutzen bringt. Deine spirituelle Widmung und Arbeit sind ein Geschenk an das Leben und die Liebe der Menschheit.

10. Dezember

Im spirituellen Streben sind in Wirklichkeit keine Opfer nötig oder erwartet. „Opfer“ bedeutet im gewöhnlichen Sprachgebrauch Verlust oder sogar schmerzhafter Verlust. Tatsächlich bedeutet wirkliches Opfer, das Geringere für das Größere loslassen, und enthält seinen Gewinn in sich selbst, statt dass etwas verringert würde.

11. Dezember

Hingabe löst Furcht, Zweifel und Zögern auf und klärt Unsicherheiten. Absicht wird ebenfalls immer stärker, genau wie das Vertrauen auf Gott. Dann erhebt sich der innere Entschluss, sich selbst vollständig Gott zu überantworten.

12. Dezember

Die Wahrheit kommt zum Vorschein, wenn Falschheit übergeben wird. Um das zu tun, braucht man jedoch große Hingabe, viel Mut und Vertrauen. Diese werden von der GÖTTLICHEN Inspiration als Antwort auf die Übergabe gewährt. Den Anstoß gibt die Zustimmung des GÖTTLICHEN WILLENS.

13. Dezember

Großen Bewusstseinssprüngen geht immer die Übergabe der Illusion voraus, dass „ich weiß".

14. Dezember

Die erste Illusion, die zu übergeben ist, besteht in dem Glauben, dass es so etwas wie „Geist/Gemüt“ [„mind“] gibt. Durch Erfahrung kann man lediglich feststellen, dass Gedanken, Gefühle, Bilder und Erinnerungen in endloser Folge in unser Gewahrsein treten. „Geist/Gemüt“ ist also nur ein Konzept, genau wie das Wort „Ego“.

15. Dezember

Vertraue auf die Liebe, Barmherzigkeit, unendliche Weisheit und das Mitgefühl der GOTTHEIT, die durch alle menschlichen Irrtümer, Begrenzungen und Schwächen hindurch sieht. Lege Dein Vertrauen und Deinen Glauben in die Liebe GOTTES, die allvergebend ist, und verstehe, dass Verurteilung und Angst vor einem Gericht dem Ego entstammen. Wie die Sonne, so strahlt die GÖTTLICHE Liebe gleichermaßen auf alle Wesen. Weise negative Beschreibungen GOTTES als menschliche Projektion zurück, wenn er zum Beispiel als eifersüchtig, ärgerlich, zerstörerisch, parteiisch, bevorzugend, rachsüchtig, unsicher, verletzbar, widersprüchlich usw. beschrieben wird.

16. Dezember

In der Tradition wurde es als anstrengend und schwierig beschrieben, den Programmen des Egos zu entsagen. Es hieß, man würde viele Lebzeiten brauchen, um dies zustande zu bringen. Im Gegenteil ist es aber so, dass eine tiefe Demut und Bereitschaft, alles in großer Tiefe GOTT zu übergeben, den Übergang im Bruchteil einer Sekunde ermöglichen. So kann der Pfad zur Erleuchtung/zum Lichtbewusstsein als langsamer Prozess wie auch als plötzliches Erlebnis betrachtet werden.

17. Dezember

Sich bewusst mit GÖTTLICHKEIT und Wahrheit in Einklang zu bringen, stärkt den Menschen und verschiebt die Identität vom kleinen menschlichen Selbst zum hohen SELBST. Das führt zum Anwachsen von Vertrauen, Mut und persönlicher Würde anstelle von Selbsterniedrigung und Selbstverunglimpfung. Vollständige Übergabe bringt Frieden, teilweise oder bedingte Übergabe bringt fortdauernde Zweifel.

18. Dezember

Überantwortung [surrender] des persönlichen Willens an den Willen (Weisheit) GOTTES (oder der VORSEHUNG DER HÖHEREN MACHT) bedeutet Aufgabe der Kontrolle. Man kann erwarten, dass sich das Ego dem widersetzt und Entschuldigungen, Gegenargumente und eine Vielzahl von Ängsten erfindet, um seine eingebildete Kontrolle zu erhalten. Die Positionen des Egos werden durch Stolz, wie auch durch den Wunsch nach bestimmten Ergebnissen verstärkt. Dadurch erscheint es dem Ego als Verlust, zurückzutreten und die Intervention des GÖTTLICHEN einzuladen, während dies für den GEIST [spirit] entschieden ein Gewinn ist.

19. Dezember

Wahrheit wird erkannt. Sie stellt sich einem Gewahrseinsfeld dar, das dafür vorbereitet wurde, dass diese Darstellung sich offenbaren konnte. Wahrheit und Erleuchtung werden nicht erworben oder erreicht. Sie sind ein Zustand oder eine Bedingung, die sich von selbst einstellen, wenn die passenden Bedingungen dafür eingetreten sind.

20. Dezember

Unvollkommenheit existiert nur in den Gedanken des Verstandes. In der Welt, wie sie ist, gibt es keine Unvollkommenheit.

21. Dezember

Unwissenheit weicht nicht einem Angriff aus, sondern löst sich auf im Licht; und nichts löst Unehrlichkeit schneller auf als das einfache Aufdecken der Wahrheit. Die einzige Möglichkeit, seine Kraft in der Welt zu stärken, besteht darin, seine Integrität, sein Verständnis und seine Mitgefühlsbereitschaft zu steigern.

22. Dezember

Die absolute Subjektivität offenbarter Wahrheit schließt jede Erörterung oder Unsicherheit aus, die einzig vom Ego stammen könnten. Wenn das Ego in sich zusammenfällt, hört das Argumentieren auf und wird durch Stille ersetzt. Zweifel *ist* das Ego.

23. Dezember

Der elementare Fehler ist jetzt, so wie es immer gewesen ist, dass das Design des menschlichen Verstandes wirklich unfähig ist, Wahrheit von Unwahrheit zu unterscheiden. Dieser einzige, unter allen geerbten Fehlern am entscheidendste, ist die Wurzel des ganzen menschlichen Leids und Elends.

24. Dezember

Die Person, die inneren Frieden gefunden hat, kann nicht mehr eingeschüchtert, kontrolliert, manipuliert oder programmiert werden. In diesem Zustand ist man gegenüber den Bedrohungen der Welt unverwundbar und hat deshalb sein Leben gemeistert.

25. Dezember

Das Energiefeld der Liebe ist von Haus aus erfreulich, durch und in seiner eigenen Qualität. Man hat entdeckt, dass Liebe überall verfügbar ist, und dass der Zustand des Liebens [lovingness] dahin führt, geliebt zu werden. Auch wenn Liebe anfänglich an Bedingungen geknüpft sein mag, wird sie, verbunden mit spiritueller Absicht, zu einem Lebensstil und generell auf das Leben in all seinen Ausdrucksweisen bezogen.

26. Dezember

F: *Wie kann man Fortschritte fördern?*

A: Das ist eine natürliche Wissbegier. Die Wahl resultiert in Neigungen, die gewohnheitsmäßig zu Aufmerksamkeitsspektren des Denkens werden. Innerhalb eines jeden Augenblicks sind alle erforderlichen Elemente zur Erkenntnis enthalten. Achte auf die Essenz, statt bloß auf die Erscheinung. Alles ist vollkommen, wenn man sieht, wie es wirklich ist. Alles ist genau so, wie es „sein soll", sei es glänzend und neu oder verrostet und verstaubt.

Vermeide Eigenschaftswörter, denn sie sind ausnahmslos projizierte, mentalisierte Qualifikationen. Später kann man auch auf Verben und Adverben verzichten, denn nichts „tut" tatsächlich irgendetwas. Es *ist* einfach von Natur aus. Der Übergang ist ein Phänomen, das dem Inneren des Beobachters entstammt, der zeitliche Abfolgen als Verb betrachtet. Sieht man es in weniger als einer Zehntausendstel Sekunde, erscheint alles als unbeweglich.

27. Dezember

Alle Reaktionen auf das Leben sind subjektiv. Nichts, was sich ereignet, ist schrecklich, aufregend, traurig, gut oder schlecht. Es ist sinnlos, auf dem Standpunkt zu stehen, dass Katastrophen sich nicht „ereignen“ sollten, oder dass die Unschuldigen „so etwas nicht verdienten“, oder „ist das nicht schrecklich“, oder „da muss jemand dran Schuld sein“. Mit einem weit gespannten Blickwinkel kann man sowohl vom Inhalt als auch vom Kontext des Lebens unerschüttert bleiben. Das erfordert, Urteil, Erwartungen und andere „Empfindlichkeiten“ aufzugeben.

28. Dezember

Ausdauernde Hingabe an spirituelle Wahrheit und Liebe erlauben den Widerständen, sich aufzulösen.

29. Dezember

Übergabe an das GÖTTLICHE ist ein fortdauernder Prozess, in dem man weder Widerstand leistet noch sich an den Augenblick hängt, sondern stattdessen alles fortwährend GOTT ausliefert. Die Aufmerksamkeit ist dann auf den Prozess des Loslassens konzentriert und nicht auf den Inhalt dessen, was übergeben wird.

30. Dezember

Der GEIST [spirit] und das Herz sind eins. Es ist das Herz, das eins ist mit GOTT, nicht der Verstand [mind]. Sein eigenes Herz zu entdecken, bedeutet GOTT entdecken.

31. Dezember

Die erlernten Wahrheiten müssen in die tägliche Praxis umgesetzt werden, um Wirkung zu entfalten, und sie existieren jenseits der Worte. Wenn das getan wird, tritt Veränderung ein. Der Zweck von Information besteht darin, dass sie mit Vertrautheit aufgenommen wird und dann zum Verständnis heranreift.

GLOSSAR

Dieses Glossar ist eine Zusammenstellung editierter Zitate aus Dr. Hawkins` Werk:

Bewusstsein: Bewusstsein ist das nicht reduzierbare Substrat/ Trägermaterial des menschlichen Leistungsvermögens, zu wissen oder zu erfahren, wahrzunehmen oder zu bezeugen, und es ist die Essenz der Kapazität für das Gewahrsein selbst. Es ist das formlose, unsichtbare Energiefeld der unendlichen Dimensionen und Möglichkeiten, und des Fundaments der ganzen Existenz. Es ist unabhängig von Zeit, Raum oder Lage, jedoch alles einschließend und allgegenwärtig.

Bewusstsein ist das unbegrenzte, allgegenwärtige, universale Energiefeld, die Trägerschwingung und der Speicher der ganzen Information, die im Universum verfügbar ist – und, wichtiger, es ist die wirkliche Essenz und das Substrat der Kapazität, zu wissen oder zu erfahren. Bewusstsein ist die nicht reduzierbare, primäre Qualität der ganzen Existenz.

Bewusstsein ist eine unpersönliche Qualität von GÖTTLICHKEIT ausgedrückt als Gewahrsein. Es ist nicht-dualistisch und nicht-linear. Es ist unendlichem Raum ähnlich, der zu Gewahrsein und einer Qualität der GÖTTLICHEN Essenz fähig ist.

Dualität: Die Welt der Formen, welche durch die scheinbare Trennung von Gegenständen charakterisiert ist, was durch begriffliche Gegensätzlichkeiten wie „dieses/jenes", „hier/dort", „dann/jetzt" oder „deines/meines" widergespiegelt wird. Diese Wahrnehmung der Begrenztheit wird durch die Sinne erzeugt, aufgrund derer die Abgrenzung in einen festgesetzten Standpunkt impliziert ist.

Ego (oder kleines Selbst): Das Ego ist der imaginäre „Ausführer" hinter Gedanken und Handlung. Wie man fest glaubt, ist seine Anwesenheit notwendig und für das Überleben unerlässlich. Der Grund besteht darin, dass die Hauptqualität des Egos seine Auffassungsgabe ist, und als solche wird es durch das Paradigma der angenommenen Kausalität begrenzt. Man könnte das Ego Hauptverarbeiter und Planungszentrum nennen; der integrative, verwaltende, strategische und taktische Fokus, der manipuliert, kopiert, sortiert, speichert und abruft. Man kann es sich als eine Reihe fest verwurzelter und gewohnter Gedanken vorstellen, die das Ergebnis von Entrainment durch unsichtbare Energiefelder sind, die das menschliche Bewusstsein beherrschen. Diese werden durch Wiederholung und die Einigkeit der Gesellschaft verstärkt. Weitere Verstärkung kommt aus der Sprache selbst.

In Sprache zu denken ist eine Form von Selbst-Programmierung. Der Gebrauch des Präfixes „Ich" als das Subjekt und somit als die implizierte Ursache aller Handlungen, ist der schwerwiegendste Fehler, und erschafft automatisch eine Dualität von Subjekt und Objekt. Anders ausgedrückt ist das Ego ein Satz von Programmen, in welchem die Vernunft durch komplexe, mehrschichtige Serien von Algorithmen operiert, worin ein Gedanke gewissen Entscheidungsbäumen folgt, die durch vergangene Erfahrungen, Indoktrination und sozialen Einflüssen unterschiedlich gewichtet sind; demzufolge ist das Ego keine selbsterschaffte Bedingung. Der Trieb [instinctual drive] ist an die Programme gebunden, wodurch physiologische Prozesse ins Spiel kommen.

Erleuchtung: Ein Zustand von außergewöhnlichem Gewahrsein, der gewöhnliches Bewusstsein ersetzt. Das Selbst wird durch das SELBST ersetzt. Das Befinden ist jenseits von Zeit oder Raum, ist still, und zeigt sich als Offenbarung. Diesem Befinden folgt die Auflösung des Egos.

Karma: Im Wesentlichen ist individuelles Karma ein Informationspaket (analog eines Computerchips), das innerhalb der nichtphysischen Domäne des Bewusstseins existiert. Es enthält den Schlüssel [code] aus gespeicherten Informationen, der dem spirituellen Körper, auch Seele genannt, innewohnt und ein Teil von ihm ist. Der Kern repräsentiert eine Verdichtung aller vergangenen Erfahrungen, zusammen mit den dazu assoziierten Abstufungen des Denkens und Fühlens. Der spirituelle Körper behält die Wahlfreiheit, jedoch ist der Umfang der Wahlmöglichkeiten bereits gestaltet.

Karma ist linear, pflanzt sich über die Seele fort und wird als Folge bedeutsamer Willenshandlungen übernommen. Karma bedeutet wirklich Verantwortlichkeit – und, wie in früheren spirituellen Forschungen zitiert wurde, jede Wesenheit ist dem Universum gegenüber verantwortlich. Um es zusammenzufassen: Wie allgemein bekannt, ist Karma (spirituelles Schicksal) die Folge von Willensentscheidungen und bestimmt die spirituelle Bestimmung nach dem Tod (die himmlischen Ebenen, die Höllen, das Fegefeuer oder die so genannten inneren Astralebenen [Bardos]). Darin eingeschlossen ist auch die Option für eine Wiederverkörperung im menschlichen physischen Bereich, welche, wie die Bewusstseinsforschung zeigt, nur in Übereinstimmung mit dem individuellen Willen erfolgen kann. Somit haben alle Menschen durch Zustimmung diesen

Weg gewählt. Zusätzlich bestätigt die Bewusstseinsforschung, dass alle Personen in die bestmöglichen Bedingungen für ihre spirituelle Entwicklung hineingeboren werden, unabhängig davon, wie es äußerlich scheinen mag.

Kontext: Das Gesamtfeld der Betrachtungen, das sich durch einen Standpunkt begründet. Kontext umfasst alle wesentlichen Tatsachen, die die Bedeutung einer Aussage oder eines Ereignisses näher bestimmen. Gegebenheiten sind bedeutungslos, es sei denn ihr Kontext wird definiert. Etwas „aus dem Kontext zu nehmen" verfälscht die Aussagekraft einer Behauptung durch das Nichterkennen beitragsfähiger Begleitumstände, die die Schlussfolgerung der Bedeutung näher bestimmen würden.

Linear: Folgt einem logischen Ablauf in der Art der Newtonischen Physik und ist deshalb durch die traditionelle Mathematik durch den Gebrauch von Differenzialgleichungen lösbar.

Nichtdualität: Wenn die Begrenzung eines fixierten Wahrnehmungsortes transzendiert wurde, existiert eine Illusion von Getrenntheit, oder von Raum und Zeit, so wie wir sie kennen, nicht mehr länger. Auf der Ebene der Nichtdualität ist das Beobachten vorhanden, jedoch kein Beobachter, da Subjekt und Objekt eins sind. Das Du-und-Ich wird zum EINEN SELBST, das Alles als GÖTTLICH erfährt. In der Nichtdualität erfährt sich Bewusstsein selbst sowohl als manifest als auch als unmanifest, da kein Erfahrender [experiencer] gegenwärtig ist. Die einzige Sache, die in dieser Realität einen Anfang und ein Ende hat, ist die Wahrnehmung selbst.

Positionalitäten: Positionalitäten sind Strukturen, die den gesamten Denkmechanismus in Bewegung setzen und dessen Inhalt aktivieren. Positionalitäten sind Programme und nicht das wahre SELBST. Die Welt stellt ein endloses Aufgebot an Ansichten bereit, die willkürliche Annahmen und vollkommen abwegig sind.

Uranfängliche Positionalitäten sind: 1. *Ideen haben Bedeutung und Wichtigkeit.* 2. *Es existiert eine Scheidegrenze zwischen den Gegensätzen.* 3. *Es gibt einen Wert der Urheberschaft – Gedanken sind wertvoll, weil sie „meine" sind.* 4. *Denken ist erforderlich, um Kontrolle zu besitzen, und das Überleben ist auf Kontrolle angewiesen.*

Alle Positionalitäten sind absichtlich.

SELBST: Das SELBST ist jenseits, dennoch angeboren, in jeder Art – ewig, ohne Anfang oder Ende, unveränderlich, beständig und unsterblich. Aus ihm entsteht Gewahrsein, Bewusstsein, und eine unendliche Form von „Daheim-Sein". Es ist die endgültige Subjektivität, aus der jedermanns Sinn von „Ich" entspringt. Die unendliche Wirklichkeit kennt sich nicht als „Ich", jedoch als der wirkliche Trägerstoff der Kapazität für solch eine Behauptung. Es ist unsichtbar und omnipräsent. Das Selbst ist die Wirklichkeit der Wirklichkeit, das Eins-Sein und All-Sein der Identität. Es ist das endgültige „Ich-Sein" [„I-ness"] von Bewusstseins selbst als der Manifestation des Unmanifesten. Nur so kann das Unbeschreibliche beschrieben werden.

Subjektivität: Leben wird ausschließlich auf dem Niveau der Erfahrung gelebt und nicht anders. Jede Erfahrung ist subjektiv und nichtlinear; deshalb kann sogar der lineare, wahrnehmende, fortlaufende Entwurf „der Wirklichkeit" nur subjektiv erfahren werden. Die ganze „Wahrheit" ist ein subjektiver Beschluss. Das ganze Leben in seiner Essenz ist nichtlinear, nichtmessbar, nichtdefinierbar. Es ist rein subjektiv.

Wahrheit: Wahrheit ist relativ und nur in einem gegebenen Kontext „wahr". Jede Wahrheit ist nur innerhalb eines bestimmten Niveaus des Bewusstseins wahr. Zum Beispiel ist es lobenswert zu verzeihen, aber auf einer späteren Stufe erkennt man, dass es tatsächlich nichts zu verzeihen gibt. Es gibt kein „anderes", das oder dem man verzeichen könnte. Jedes Ego ist gleich unwirklich, einschließlich des eigenen. Wahrnehmung ist nicht Wirklichkeit. Wahrheit entsteht aus Subjektivität. Sie ist offensichtlich und selbstenthüllend. Wahrheit ist radikale Subjektivität. Mit dem Zusammenbruch der Illusion der Dualität, einschließlich der angenommenen „Wirklichkeit" eines getrennten „Selbstes", bleibt nur der Zustand des UNENDLICHEN „ICH", welches die Manifestation des UNMANIFESTEN als SELBST ist. Wahrheit hat keine Gegenteile, wie etwa Falschheit. Nichts wird vom Feld des Bewusstseins verborgen. Die endgültige Wahrheit ist jenseits von „Istheit", „Seinsheit" oder jeglichem intransitivem Verb. Jeder Versuch von SELBST-Definition, wie z.B. „ICH BIN, DER/DIE ICH BIN", ja sogar „ICH BIN", ist überflüssig. Die endgültige Wirklichkeit ist jenseits aller Bezeichnungen. „ICH" bezeichnet die radikale Subjektivität des Zustandes der VERWIRKLICHUNG. Es beinhaltet in sich die vollständige Aussage der WIRKLICHKEIT.

ÜBER DIE AUTOREN

Sir David R. Hawkins, M.D., Ph.D., ist ein international bekannter Psychiater, Bewusstseinsforscher, spiritueller Dozent, und Mystiker. Er ist der Autor von mehr als acht Büchern, einschließlich des Bestsellers *Power vs. Force.* Seine Werke sind in mehr als siebzehn Sprachen übersetzt worden. In den 1970er Jahren war er Co-Autor von *Orthomolecular Psychiatry*, das er zusammen mit dem Nobelpreisträger Linus Pauling verfasste, ein Werk, das das Gebiet der Psychiatrie revolutionierte. Dr Hawkins hatte Auftritte bei *The MacNeil/Lehrer NewsHour, The Barbara Walters Show* und der *Today Show.* Er hielt Vorlesungen an der Westminster Abbey, dem Oxford Forum, den Universitäten von Argentinien, Notre Dame, Stanford und Harvard. Und er hat als Berater für Katholiken, Protestanten, und buddhistische Klöster gedient.

Er ist Gewinner des Huxley Awards, geadelt durch den Sovereign Order of the Hospitallers of St. John of Jerusalem, für den Templeton Prize nominiert, und im Osten mit dem Titel Tae Ryoung Sun Kak Tosa („Führender Lehrer auf dem Weg zur Erleuchtung") geehrt worden. Dr. Hawkins` Werk hat einen fortdauernden tiefen Einfluss auf die Menschheit.

Website: **www.veritaspub.com**

Scott Jeffrey ist Autor von zahlreichen Büchern, einschließlich *Creativity Revealed: Discovering the Source of Inspiration.* Er ist der autorisierte Biograf von Dr. Dr. David R. Hawkins.

EMPFOHLENE BÜCHER
VON DR. DAVID R. HAWKINS

Das All-sehende Auge

- The Eye of the I

Ein brillantes Werk, das verbindet: Bekanntes und Unbekanntes, Wissenschaft und Spiritualität, das Newtonsche lineare Paradigma des Egos und die nicht-lineare Realität von Erleuchtung. Ein Buch zum immer wieder Lesen, dem unendlich viel Weisheit und Wahrheit innewohnt.

479 Seiten, Hardcover, ISBN 978-3-931560-19-5

Licht des Alls

- Die Wirklichkeit des Göttlichen

Erklärt das innerste Wesen und die Essenz von Bewusstsein - von seinen Anfängen bis zur spirituellen Wirklichkeit von Erleuchtung und göttlicher Gegenwart. Es ist das Reich des Mystikers, dessen Wahrheit ausschließlich auf der radikalen Subjektivität der Erfahrung des göttlichen Seins beruht. Auch dieses ist ein Buch zum immer wieder Lesen, welches „das Unbeschreibbare" beschreibt, dem Leser das Verständnis erleichtert und damit tiefe Erkenntnisse ermöglicht.

584 Seiten, Hardcover, ISBN 978-3-931560-20-1

Erleuchtung ist möglich

- Wie man die Ebenen des Bewusstseins durchschreitet

Ein praktisches Handbuch, in dem der Autor bei seiner mittlerweile weltweit bekannten „Tafel der Bewusstseinsebenen" anknüpft. Er erklärt ausführlich deren Erscheinungsbilder, Auswirkungen und der Weg zu ihrer Überwindung. Die Leser erhalten Anleitungen, um den eignen Standort zu erkennen, ihre Ziele zu definieren und zu erreichen. Sehr hilfreich, um sich selbst und andere zu verstehen.

447 Seiten, Hardcover, ISBN 978-3-931560-21-8

Hingabe an Gott

- Der mystische Weg aus der Dualität

Stellt von Anfang an wesentliche und fortgeschrittene Lehren und Informationen für die spirituelle Entwicklung des Suchenden zur Verfügung. Der Inhalt ist weder Philosophie noch Metaphysik, weder Pädagogik noch Theologie, sondern ein Auszug der innersten Wahrheiten spiritueller Realität, wie sie nach und nach erkennbar und durch Erfahrung verstehbar werden, je weiter man dem Pfad folgt. David Hawkins schreibt: „Der wirkliche Autor dieses Buches ist Bewusstsein selbst."

328 Seiten, Hardcover, ISBN 978-3-931560-22-5

Spirituelle Essenz und weltlicher Schein

Dieses Buch beschreibt im Detail wie man nicht nur Wahrheit von Unwahrheit unterscheidet, sondern ebenso die Illusion der Erscheinung vom wirklichen Kern der innersten Realität. Während moderne Technologien einen Überfluss an neuen Spielzeugen und Bequemlichkeiten bereitstellen, bleibt das grundlegende Problem menschlicher Existenz bestehen. Das menschliche Dilemma ist in der Tat weit mehr verworren als jemals zuvor und die grundlegenden Fundamente westlicher Zivilisation wurden durch den Angriff gegnerischer Fraktionen und durch die Medienflut geschwächt. Die Öffentlichkeit ist wie eine Fokusgruppe geworden, die von Medienkaufleuten manipuliert wird. Dementsprechend ist sie wie ein Schiff auf dem Meer ohne Kompass und ohne GPS-System. Dieses Buch stellt die Werkzeuge zum Überleben und zur Wiedererlangung der Autonomie bereit.

Hardcover, ISBN 978-3-931560-23-2

Wenn Sie sich für weitere Titel aus dem Sheema Verlag interessieren, dann freuen wir uns, wenn Sie uns im Internet besuchen:

www.sheema.de

KONTAKT

Sheema Verlag
Fachverlag für Releasing und mehr
Postfach 1443
83504 Wasserburg am Inn

Tel.: 08071 - 94813
Fax: 08071 - 94814

E-Mail: info@sheema.de
http://www.sheema.de

SHEEMA
VERLAG
... für ein wahrhaft gutes Leben!

MÖGEN ALLE WESEN GLÜCKLICH SEIN